本书由河南大学教材出版基金资助

病理学实习指导
BING LI XUE SHI XI ZHI DAO

主 编 牛保华

河南大学出版社
·郑州·

图书在版编目(CIP)数据

病理学实习指导/牛保华主编.—郑州:河南大学出版社,2017.1(2021.12 重印)
ISBN 978-7-5649-2681-6

Ⅰ.①病… Ⅱ.①牛… Ⅲ.①病理学－实习－医学院校－教学参考资料 Ⅳ.①R36-45

中国版本图书馆 CIP 数据核字(2017)第 023158 号

责任编辑　付会娟
责任校对　赵方超
封面设计　郭　灿

出版发行	河南大学出版社
	地址:郑州市郑东新区商务外环中华大厦 2412 号
	邮编:450046
	电话:0371-86059712(高等教育与职业教育出版分公司)
	0371-86059713(营销部)
	网址:www.hupress.com
排　版	郑州市今日文教印制有限公司
印　刷	新乡市豫北印务有限公司
版　次	2017 年 2 月第 1 版　　　　印　次　2021 年 12 月第 3 次印刷
开　本	787mm×1092mm　1/16　　　印　张　4.5
插　页	14　　　　　　　　　　　　字　数　137 千字
定　价	18.00 元

(本书如有印装质量问题,请与河南大学出版社营销部联系调换)

前 言

病理学属形态学范畴,主要是以形态学方法研究疾病,形态学观察是学习病理学的基本途径。因此病理学实验教学在病理学教学中具有十分重要的地位,为了进一步提高病理学实验教学的效果,我们编写了这本《病理学实习指导》。

为使本书更具有普遍性、实用性,我们参阅了十几所医学院校的病理学实验教材,吸取了各兄弟院校之所长,并根据本实验室的标本精选病例,选印彩图160幅,便于学生学习理解、加深记忆。为了提高学生对标本和切片的独立观察能力,在附录中编写了"正常成人器官的重量和大小"和"各器官的观察方法"两部分。

本书所撰写的内容,是根据各器官不同疾病的基本病变写成的,鉴于各标本或切片来源不同,即使同一疾病的病理变化也不甚一致,因此,学生在使用本书时,不能死记硬背,应根据自己所观察的标本、切片的形态特征加以描述、分析和归纳,这样,才能培养自己独立进行病理诊断的能力或称得上学好病理学。本书第十三章到第十五章由牛保华编写,其余章节由吴素霞编写。我们希望这本书对读者学好病理学有所帮助,并欢迎读者批评指正。

编 者
2016年12月

目　　录

实习须知 ………………………………………………………………………（ 1 ）
第 一 章　组织、细胞的适应和损伤 …………………………………………（ 4 ）
第 二 章　修复 …………………………………………………………………（ 7 ）
第 三 章　血液循环障碍 ………………………………………………………（ 9 ）
第 四 章　炎症 …………………………………………………………………（ 14 ）
第 五 章　肿瘤 …………………………………………………………………（ 18 ）
第 六 章　心血管系统疾病 ……………………………………………………（ 24 ）
第 七 章　呼吸系统疾病 ………………………………………………………（ 29 ）
第 八 章　消化系统疾病 ………………………………………………………（ 33 ）
第 九 章　泌尿系统疾病 ………………………………………………………（ 39 ）
第 十 章　淋巴造血系统疾病 …………………………………………………（ 43 ）
第十一章　生殖系统疾病 ……………………………………………………（ 45 ）
第十二章　内分泌系统疾病 …………………………………………………（ 47 ）
第十三章　神经系统疾病 ……………………………………………………（ 49 ）
第十四章　传染病 ……………………………………………………………（ 51 ）
第十五章　寄生虫病 …………………………………………………………（ 56 ）

附录 ……………………………………………………………………………（ 59 ）
　一、正常成人器官的重量和大小 ……………………………………………（ 59 ）
　二、各器官的观察方法 ………………………………………………………（ 60 ）
彩色图谱 ………………………………………………………………………（ 67 ）

实习须知

一、实习课的目的和意义

病理学是医学科学中的重要基础学科之一。它主要是从形态学的角度,用直观的方法观察病变,对病变做出诊断,并研究疾病的发生和发展规律。实习课中,学生通过对病变器官、组织形态学的观察,联系其机能代谢的变化以及临床症状、体征,一方面,有利于系统掌握病理学基本知识;另一方面,也有助于培养学生独立思考、分析问题和解决问题的能力,为以后临床课的学习奠定一个良好的基础。

二、实习内容和方法

病理学实习内容包括大体标本的观察、组织切片的观察、观看幻灯片、投影片、录像片、电影和图片,进行尸体剖验、临床病理讨论和动物实验等,其中最主要的是对大体标本和组织切片的观察。

(一) 大体标本的观察

1. 确认标本

首先确认标本是哪一种脏器(或组织)。

2. 观察病变部位

按先外后内、先上后下的顺序来观察其大小、形状、颜色和质地等是否改变,找出病变的部位。确定该病变与整个脏器以及与其他病变间的关系。如病变细小,肉眼观察有困难时,尚可辅以放大镜仔细观察。

3. 表面和切面状况

(1) 光滑度:平滑或粗糙。

(2) 透明度:器官的包膜是菲薄、透明的,还是增厚、混浊的。

(3) 颜色:暗红或苍白、灰白或灰黑、深黄或棕黄等。

(4) 质地:软、硬、韧、松脆等。有可能时应用手触摸其硬度、致密度和弹性。

4. 病灶的情况

(1) 分布位置:观察病灶在器官的哪一部位及其分布情况。

(2) 数量:单个或多个,局限或弥散。

(3) 大小:体积以长×宽×厚表示,面积以长×宽表示,均以厘米计。也可以常见的实物大小来形容,如米粒大、黄豆大、鸡蛋大、成人拳头大等。

(4) 颜色:正常器官应保持其固有的色泽,如有不同着色,则往往是由于内源性或外源性色素的影响。如暗红色表示含血量多,黄绿色表示含胆汁,黄色表示含有脂肪或类脂。

(5) 形状:圆形、不规则形、乳头状、菜花状、结节状等。

(6) 病变与周围组织的关系:境界清楚或模糊,有无压迫或破坏,有无包膜,包膜是否完整,脏器间有无粘连等。对空腔性器官的检查要注意器官壁增厚或变薄,内壁粗糙或平滑,有无突起,腔内物质颜色、性质、容量是否正常,脏器外壁有无粘连等情况。

说明:实习所观察的大体标本,一般都经过10%甲醛固定,其大小、颜色、硬度都与新鲜标本有所不同。

(二) 组织切片的观察

1. 肉眼做初步观察

首先应用肉眼做初步观察,需要时可取下目镜,将接目面向着组织片,放大观察,以了解切片属何种组织、病变部位及其粗略情况。

2. 按先低倍后高倍的顺序在显微镜下观察

(1) 先用低倍物镜上下、左右扫视全片,找到病变或病变可疑的部位,了解病变的性质,明确它与周围组织的关系,获得一个较为全面的印象。

(2) 再用高倍物镜做进一步观察,此时主要观察组织和细胞病变的微细结构和形态。

对组织切片的观察,须按步进行,不可急躁草率。观察切片时,切忌一开始即盲目地使用高倍物镜,这样既容易损坏镜片和玻片,又难免出现坐井观天、拾了芝麻丢了西瓜的弊病,乃至遗漏重要病变,不能全面观察、分析,造成诊断上的错误。在对一般病理切片观察时,都不用油镜。

三、描述和诊断原则

观察标本和切片时既要客观、全面,又要有理论知识的指导。实事求是地描述病变的特点,此为做出正确诊断的基础,绝不能凭空地或按一般的理论去生搬硬套、胡乱推想。同一标本或切片中可能出现两种甚至两种以上的病变,要分析它们的性质及其相互关系。标本和切片制作过程中可能出现多种人为现象,在观察时要善于分辨,去伪存真,取其精华,抓住要点,才能得出合乎科学的结论和近于客观的诊断。

标本和切片中所呈现的病理变化只是该疾病发生、发展中的某一阶段或最后一幕,它只能反映该疾病全过程中的一部分。因此在观察巨体标本、组织切片中的病理变化时必须持运动和发展的观点,注意运用已学到的理论知识进行逻辑推理,分析病变的来源及其发展过程,弄清来龙去脉,使认识得以连贯。

病理标本的诊断原则是:器官或组织名称+病理变化。

四、对实习报告的要求

(1) 病理学的实习报告,包括对大体标本和组织切片中病变的描述,分析诊断依据及病变发展规律。目的在于培养学生观察、分析和表达的能力,它也是教师了解学生学习情况的一条途径。因此学生必须按时认真地完成作业,交教师审阅。

(2) 形态描述和绘图要真实、客观,分析诊断依据要有针对性,不可按课本内容照搬,要有严谨的科学态度和作风。

(3) 文字要简练,书写要工整,绘图要准确,图注要简洁。反对马虎草率,敷衍了事。任课教师对不符合要求或存在较大错误的报告,可令其重做。

五、实习室规则

(1) 遵守实验室的学习纪律,不迟到早退。

(2) 尊敬师长,友爱同学,礼貌待人。

(3) 专心实习,认真思考,不做与实习无关的事。不喧闹,不妨碍他人学习。

(4) 爱护公物,节约水电,保护仪器、标本及切片,如有损坏或缺失,须及时报告负责教师,根据情节,应酌情赔偿。实习结束,须清点、整理好标本和切片,并将使用的显微镜放回箱内。

(5) 实验室实行卫生值日制。每次实习完毕后,由值日组学生负责实验室的清洁、整理及最后检查,并关好水电开关、门窗。

第一章　组织、细胞的适应和损伤

一、目的要求

(1) 了解细胞与组织适应、变性的常见类型及形态变化。
(2) 掌握坏死的形态变化及其后果。

二、实习内容

大体标本
① 心脏褐色萎缩
② 脑萎缩
③ 肾萎缩
④ 心肌肥大
⑤ 脂肪肝
⑥ 脾、肾凝固性坏死
⑦ 肺结核干酪样坏死、钙化
⑧ 脑液化性坏死
⑨ 足干性坏疽
⑩ 脾包膜玻璃样变性

组织切片
① 心肌细胞褐色萎缩
② 心肌肥大
③ 肾小管上皮细胞水肿
④ 肝细胞脂肪变性
⑤ 动脉壁玻璃样变性
⑥ 病理性钙化
⑦ 血管壁纤维素样坏死
⑧ 干酪样坏死
⑨ 凝固性坏死

(一) 大体标本

1. 心脏褐色萎缩 brown atrophy of the heart

心脏体积变小(正常心脏大小相当于本人的右拳),心外膜微皱似增厚,冠状动脉弯曲,呈蛇行状。心肌切面呈棕褐色,左心壁稍薄。

2. 脑萎缩 atrophy of the brain

大脑标本,两半球对称,脑回变窄,脑沟变深、变宽,尤以额叶最为明显。

3. 肾萎缩(肾盂积水) atrophy of the kidney (due to hydronephrosis)

肾脏体积增大,切面见肾盂及肾盏明显扩张,肾实质萎缩变薄,皮髓质分界不清,多数标本可见肾盂出口处(或输尿管内)有结石嵌顿。试根据标本分析肾皮质属于哪种萎缩,其发生机理如何？

4. 心肌肥大 hypertrophy of myocardium

心脏体积明显增大，左心室扩大，室壁明显增厚（正常为1cm左右），乳头肌明显增粗。

5. 脂肪肝 fatty liver

标本为肝脏的冠状切面，体积略为增大或正常，边缘较钝，包膜光滑（如标本在新鲜时切制，可见因肝实质肿胀而出现的包膜外翻现象），肝组织呈黄色，有油腻感，质地均匀。

6. 脾、肾凝固性坏死（梗死）coagulative necrosis (infarct) of the spleen and kidney

脏器中度肿大，切面可见灰白色的坏死区，质致密而干燥，形状不规则，略呈扇形，边界清楚，周围有一圈黑褐色的出血带，坏死灶直达包膜下，表面有少量纤维蛋白渗出。

7. 肺结核干酪样坏死、钙化 caseous necrosis and calcification in pulmonary tuberculosis

肺组织内可见淡黄色干酪样物质，有的内容物已流出，形成空洞，有的可见少量不规则形的白色病灶，质坚，外观似石灰，边界清楚。

8. 脑液化性坏死 liquefaction necrosis of the brain

大脑冠状切面，内囊附近之脑组织发生大片不规则液化、坏死，形状似豆渣或破絮样，质软，大部分液化脱失，仅残留疏松之絮网状结构。

9. 足干性坏疽 dry gangrene of foot

标本为外科截除之肢体，足趾远端皮肤变黑、干涸似木炭，与正常组织分界明显。

10. 脾包膜玻璃样变性 hyaline degeneration of splenic capsule

脾脏体积增大（由于慢性淤血），包膜明显增厚、呈白色。切面显示增厚的包膜坚韧而致密，呈半透明，类似毛玻璃。

（二）组织切片

1. 心肌细胞褐色萎缩 brown atrophy of myocardium（图1-1）

萎缩的心肌纤维较正常缩小，肌原纤维及横纹尚清楚，细胞质内可见棕褐色细颗粒，即脂褐素（lipofuscin）。

2. 心肌肥大 hypertrophy of myocardium（图1-2）

肥大的心肌纤维明显增粗，细胞核大，染色深，与心肌细胞褐色萎缩恰成鲜明对比。

3. 肾小管上皮细胞水肿 cloudy swelling of renal convoluted tubules（图1-3）

肾小管上皮（主要是近曲管上皮）细胞肿胀，管腔变窄，胞质内布满淡伊红色的细颗粒，部分胞质已破溃脱落入曲管腔，细胞核的结构仍清晰。

4. 肝细胞脂肪变性 fatty degeneration of liver cells（图1-4）

肝小叶结构存在，肝细胞质内出现多数圆形空泡（该空泡为脂肪滴在制片过程中被有机溶剂溶去形成。如用冰冻切片，用脂溶性染料染色可使之着色），其边界清楚，空泡大小不等。空泡较大时核常被挤至一边。肝血窦明显受压。

5. 动脉壁玻璃样变性 hyaline degeneration of the arterial wall(图1-5)

脾小动脉管壁增厚,管腔相对狭小,动脉壁内可见均质、红染的玻璃样物质。

6. 病理性钙化 pathological calcification(图1-6)

低倍镜下,在组织中,可见蓝色呈片块状的钙盐沉积。

7. 动脉壁纤维素样坏死 fibrinoid necrosis of the arterial wall(图1-7)

部分肾小叶间动脉管壁变厚,层次不清,原有结构消失,成为片条状或颗粒状无规则结构的物质,嗜伊红染色增强。有的管壁内尚有炎症细胞浸润。

8. 干酪样坏死(肺)caseous necrosis(图1-8-1~2)

肺组织中可见到成片无结构颗粒状红染物质,不见坏死部位原有组织结构的残影。

9. 凝固性坏死(肾)coagulative necrosis (kidney)(图1-9-1~2)

该组织切片中,可见一部分区域为正常肾脏结构,一部分区域为发生凝固性坏死的肾组织。镜下可见坏死区域中的肾小球和肾小管的轮廓仍存在,但是肾小球和肾小管上皮细胞的微细结构均消失,不可见。

组织切片课外补充

1. 肝细胞凝固性坏死(急性淤血缺氧肝或四氯化碳中毒肝)

coagulation necrosis of the liver(due to acute anoxia or intoxication of CCl_4)

肝小叶的结构存在,小叶中央区肝细胞轮廓存在,胞质呈伊红色,胞核大多消失,少数细胞核固缩而深染,外形不规则,血窦轻度扩张、淤血。小叶周围肝组织结构正常(急性淤血缺氧肝)或水样变性,后者肝细胞明显肿胀,胞质变空。

2. 脑液化性坏死 liquefaction necrosis of the brain

坏死处脑组织结构疏松,细胞已液化脱失,留下许多网眼状结构,其中可找到许多巨噬细胞,其胞质丰富,并因吞噬富于脂质的坏死脑组织而使胞质呈泡沫状(泡沫细胞 foamy cell)。

3. 脾包膜玻璃样变性 hyaline degeneration of splenic capsule

增厚的脾包膜系由大量增生的胶原纤维组成,它们互相融合,呈均匀一致的无结构的毛玻璃样结构,其中残存极少量纤维细胞。

三、思考题

1. 组织与细胞的适应、变性和坏死形态上有何异同点,其后果各如何?
2. 坏死有哪些常见类型,能否各举出几种常见疾病加以说明。

第二章 修复

一、目的要求

掌握肉芽组织的形态特征、发生发展及其在创伤愈合中的作用。

二、实习内容

大体标本
① 皮肤一期愈合
② 骨折愈合

组织切片
① 肉芽组织
② 骨痂

(一) 大体标本

1. 皮肤一期愈合 healing of skin by first intention

皮肤表面有一窄条灰白色凹陷,切面见凹陷处之深部皆为灰白色的纤维结缔组织,富于光泽(瘢痕),瘢痕之两侧可见黄色之皮下脂肪组织。

2. 骨折愈合 healing of bone fracture

局部因新骨形成而膨大成骨痂。切面见新骨处质地致密,尚未有髓腔形成。

(二) 组织切片

1. 肉芽组织 granulation tissue (图 2-1)

肉芽组织主要由成纤维细胞及新生毛细血管组成。浅表部分毛细血管方向与表面垂直,组织结构疏松,其中有较多炎症细胞浸润,深部之肉芽组织排列渐趋紧密,细胞及毛细血管腔缩小、数量减少,胶原纤维增多,方向与表面平行。

2. 骨痂 callus (图 2-2)

组织切片中可见到构成骨痂成分的纤维组织和新生的骨小梁。

组织切片课外补充

皮肤一期愈合 healing of skin by first intention

腹壁皮肤外科手术愈合伤口。伤口已为表皮完全覆盖,真皮层为致密的纤维组织(瘢痕组织)代替,伤口层内无皮肤附件。深层之皮下脂肪亦为纤维组织所取代。瘢痕中可见多核的异物巨细胞及炎症细胞浸润。伤口旁仍可见正常的皮肤及皮下脂肪组织。

三、思考题

1. 什么是肉芽组织,它的发生发展是怎样的?试讨论它在机体防御反应中的意义。
2. 伤口的一期愈合和二期愈合有何异同,在处理伤口时应如何为一期愈合创造条件。

第三章 血液循环障碍

一、目的要求

（1）掌握淤血所致的一系列病理变化。
（2）掌握血栓的形态特点，并联系血栓形成的条件和过程，以及可能产生的后果。
（3）掌握栓塞和梗死的形态特点、发生发展和可能产生的后果。
（4）了解血栓形成、栓塞和梗死的相互关系。

二、实习内容

大体标本
① 肝淤血
② 淤血性肝纤维化
③ 急性肺淤血
④ 慢性肺淤血
⑤ 脾淤血
⑥ 肠水肿
⑦ 脑出血
⑧ 陈旧性脑出血
⑨ 胸膜点状出血
⑩ 混合血栓
⑪ 机化血栓
⑫ 心瓣膜赘生物
⑬ 肺动脉栓塞
⑭ 脾贫血性梗死
⑮ 肾贫血性梗死
⑯ 肾陈旧性梗死
⑰ 肠出血性梗死
⑱ 肺出血性梗死
⑲ 脾腐败性梗死
⑳ 足干性坏疽

组织切片
① 慢性肺淤血
② 慢性肝淤血
③ 红色血栓
④ 混合血栓
⑤ 脑出血
⑥ 脾贫血性梗死
⑦ 肺水肿
⑧ 肺出血性梗死

（一）大体标本

1. 肝淤血（槟榔肝）congestion of the liver（nutmeg liver）

肝的冠状切面，表面光滑，包膜紧张，肝体积肿大。切面可见均匀而弥漫分布的紫红色小点（肝小叶的中央区），它的周围呈灰黄色（小叶的边缘区），部分区域的紫红色小点相互融合，形成红黄相间的条索状结构，极似槟榔（一种中药材）的切面，故称肝淤血为槟榔肝。

2. 淤血性肝纤维化 congestive fibrosis of the liver

肝切面可见弥漫分布的灰白色细小纤维条索，联系着各小叶中央区，并向汇管区延伸,有的达肝包膜,因纤维收缩,使肝表面形成弥漫的细颗粒状突起。有的切面中还可见弥漫分布的黑色淤血小点。

3. 急性肺淤血 acute pulmonary congestion

肺的切面(天然色固定),可见表面胸膜光滑,切面肺组织饱满呈均匀的红褐色,质地致密(在新鲜标本切开时,可见粉红色血性泡沫状液体流出),肺组织中弥漫分布的黑色斑点为炭末沉积所致。

4. 慢性肺淤血(肺褐色硬化)

chronic pulmonary congestion (brown induration of the lung)

肺的冠状切面,见表面胸膜大致菲薄、透明,并暴露出其下黑色的斑点及铁锈色的斑点(是什么)。肺组织切面呈均匀的淡棕黄色,并有散在的铁锈色斑点,肺组织较坚实(为什么)。

5. 脾淤血 congestion of the spleen

脾脏体积明显增大,包膜增厚,切面见脾组织呈暗红色(为什么)、灰白色条纹(即脾小梁)增多,并可见散在的铁锈色细小颗粒,脾小体不易看到。

6. 肠水肿 edema of the intestine

肠壁肿胀、增厚,浆膜面光滑,黏膜鼓起,其色苍白而光亮,切面见黏膜下层结构疏松,似海绵样。

7. 脑出血 hemorrhage of the brain

大脑水平切面(或冠状切面),两侧不对称,一侧脑组织内见一新鲜出血灶(以内囊处为多见,为什么)形成深红色的凝血块,脑组织被破坏,同侧大脑半球肿大。有时脑室内也可见积血、扩大,此时脑室间的透明隔可发生移位并遭破坏。

8. 陈旧性脑出血 old hemorrhage of the brain

大脑水平切面(或冠状切面),见一处脑组织变得疏松,结构破坏,局部呈棕黄色。

9. 胸膜点状出血 petechiae of pleura

脏层胸膜面上见散在分布的针头大的棕红色小点,为出血点。切面肺组织呈暗红色,较坚实。

10. 混合血栓 mixed thrombus

髂静脉(门静脉、脾静脉、肠系膜下静脉或心腔)内新鲜血栓:见血管腔(或心腔)内有表面粗糙、干燥而无光泽的凝血块,其凝血块的一部分区域显示黄白色与棕红色(或黑褐色)相间的条纹,而两端可全部为暗红色或黑褐色。有的标本,凝血块的表面呈波纹状隆起。血管腔(或心腔)略扩张,内膜粗糙,与血块紧密黏附。但暗红色或黑褐色部分的血块并不与管壁相黏附。

11. 机化血栓 organized thrombus

(脾)静脉腔扩张,其中为灰白色与灰黑色相间的血栓所堵塞,在与管壁黏附甚紧的血栓边缘部分,其色泽与管壁相似(机化)。血栓中间部分较为疏松,其中有大小不等的腔,并有穿通处,腔面甚为光滑,即为再通。

12. 心瓣膜赘生物 vegetations on heart valves

二尖瓣(或主动脉瓣、三尖瓣)上见大小不等的赘生物粘着,小者如米粒,大者如蚕豆,表面不规则且粗糙不平,呈灰白色、黄褐色或黑黄相间,有的赘生物与瓣膜黏附甚紧,有的则脆弱,易脱落,赘生物所在之瓣膜可正常或有不同类型的病变(赘生物的本质是什么)。

13. 肺动脉栓塞 embolism of pulmonary artery

肺呈书页状切开,肺动脉及其分支已被剪开,见肺动脉总干(或其主要分支)内有灰褐色、扭曲的圆柱形块物堵塞,其表面干燥,有灰褐色与灰白色或灰黄色相间的部分,一端稍尖,指向下一级之肺动脉分支。

14. 脾贫血性梗死 ischemic infarct of the spleen

脾的切面,包膜下可见一个或多个灰白色楔形(或不规则形)病灶,尖端指向脾门,质致密,病灶四周围以出血带。其余部位的脾组织呈现淤血性变化。

15. 肾贫血性梗死 ischemic infarct of the kidney

肾切面,包膜已剥去,表面可见一处或数处黄白色无光泽病灶,边缘不甚整齐,四周有一圈黑褐色的出血带,切面见上述病灶质地较致密,呈楔形,尖端指向肾门,基底部向外,边缘可有出血带。

16. 肾陈旧性梗死 old infarct of the kidney

肾脏表面可见大小不等的凹陷(呈 U 形)病灶,边缘不规则,中央呈灰白色,略带光泽,其边缘有的部位呈灰褐色。

17. 肠出血性梗死 hemorrhagic infarct of the intestine

小肠一段。病变处肠壁肿胀、增厚,呈暗红或黑褐色,浆膜面干燥且粗糙,有少量纤维蛋白渗出。黏膜皱襞肿胀、无光泽,部分区域黏膜表层已脱落,部分黏膜皱襞间有灰白色物覆盖。病变区与正常肠组织有明显的分界。

18. 肺出血性梗死 hemorrhagic infarct of the lung

肺的书页状切面,边缘处可见一个(或数个)暗红色或紫黑色病灶,与周围肺组织分界清楚。病灶略呈三角形,大小不等,尖端指向肺门,基部直达胸膜。此处胸膜较厚,表面紧张。有些标本在近肺门的肺动脉分支内可见栓子塞住。其余肺组织显示淤血。

19. 脾腐败性梗死 septic infarct of the spleen

脾的切面,包膜下见一处或数处黄白略带绿色之楔形病灶,微隆起,尖端指向脾门,质较松脆,边缘可见出血带。相应的包膜面缺少光泽,可有少量纤维蛋白渗出。

20. 足干性坏疽 dry gangrene of foot

足趾远端部分,失去正常外观,色变黑、干燥、枯萎、质地坚实。病变处与正常组织间有一明显分界线。其上端之动脉管腔内可见红白相间而无光泽的血栓堵塞(为本例足坏疽的原因,此为血栓闭塞性脉管炎)。

(二)组织切片

1. 慢性肺淤血 chronic pulmonary congestion of the lung(图 3-1-1～2)

肺泡壁增厚,肺泡腔内有大量成团或小堆的棕褄色细胞,高倍镜下见肺泡壁内的毛细血管轻度扩张,淤血不如急性肺淤血明显,且伴有纤维结缔组织增生和少量平滑肌细胞增生肥大。肺泡腔内的棕褄色圆形细胞,即心力衰竭细胞,胞质丰富,其中含有许多棕褄色小颗粒,为含铁血黄素(hemosiderin)。

2. 慢性肝淤血 congestion of the liver(图 3-2-1～2)

肝小叶结构尚存,小叶中央静脉及其周围的肝血窦扩张,充满红细胞,肝细胞索因受压而变细,甚至消失。有的肝小叶中央之淤血区扩展而与附近小叶的淤血区互相连接。小叶周围区域的肝细胞索完整,肝细胞有些正常,有些脂肪变,血窦不扩大。

3. 红色血栓 red thrombus(图 3-3)

低倍镜下可见血管腔内有一几乎充满管腔的红染物质,高倍镜下可以看到该红染物质主要由大量红细胞组成。

4. 混合血栓 mixed thrombus(图 3-4-1～2)

低倍镜下见伊红色小梁状条纹和浅红色区相交织。高倍镜下可见伊红小梁由许多已崩解而凝集成颗粒状的血小板所组成,其边缘处有许多中性粒细胞及淋巴细胞,血小板小梁之间的浅红色部分为纤维蛋白构成的细网状结构,其中网罗着许多红细胞。

5. 脑出血 cerebral hemorrhage(图 3-5)

低倍镜下,可看到脑组织中有些不规则的红染区域,高倍镜下,可看到这些红染区域主要由红细胞组成。

6. 脾贫血性梗死 ischemic infarct of the spleen(图 3-6-1～2)

肉眼观察组织切片,见组织较坚实,切片中有一块不规则形(略呈楔形)伊红色区,其边缘组织略呈紫红色。

低倍镜下见结构不清的伊红色区即为梗死部分,其周围可见结构清楚的脾脏组织。高倍镜下见脾梗死区内细胞的细胞核等微细结构消失,但尚能辨认出它们的轮廓。梗死边缘区细胞可见核固缩和核碎裂。在梗死区周围有白细胞浸润,主要是淋巴细胞,并有少量中性粒细胞和单核细胞。

7. 肺水肿 pulmonary edema(图 3-7)

肺泡腔内可见淡红色水肿液。

8. 肺出血性梗死 hemorrhagic infarct of the lung(图 3-8)

肉眼观察,切片中一部分组织疏松呈紫红色,另一部分组织致密呈暗红色(梗死区)。镜下紫红色区内,肺泡结构清楚、肺泡壁增厚。在暗红色梗死区内见肺泡结构不清,肺泡上皮细胞核消失,只剩下一个模糊的轮廓,部分血管尚保存。所有的肺泡腔全为红细胞所充满。在梗死区边缘可见多量白细胞呈不规则分布,其中多数为中性粒细胞和一些淋巴细胞。

第三章 血液循环障碍

组织切片课外补充

1. 淤血性肝纤维化 congestive fibrosis of the liver

肝小叶结构零乱。小叶中央区肝细胞几乎丧失,被呈星状的纤维组织替代,并与邻近小叶中央区相连,包绕残存的肝组织,形成以汇管区为中心的"反包围"现象。星状纤维的中心常见扩张的中央静脉或肝静脉。

2. 急性肺淤血、水肿 acute pulmonary congestion and edema

肺泡虚实不一,在较实化的肺泡腔中充满均匀一致的淡伊红色物质(即水肿液)。肺泡壁毛细血管异常扩张,并突向肺泡腔如念珠状,其中充满红细胞(肺泡腔及间质内的单核细胞的胞质内含黑色炭末颗粒,为尘细胞)。

3. 机化血栓 organized thrombus

低倍镜下见血管的腔已消失,为淡伊红色富于毛细血管的结缔组织所替代(机化)。高倍镜下见管腔中的结缔组织中有大小不一的毛细血管、成纤维细胞、纤维细胞、淋巴细胞及单核细胞。部分区域尚有大小不等的不规则形腔隙,有的表面已有血管内皮细胞覆盖。腔内可见红细胞(再通)。

三、病例讨论

某男性,42岁。因骑车不慎跌倒,右小腿肿痛,急诊诊断为右小腿胫腓骨骨折,长靴形石膏固定后,回家卧床休息。此后小腿肿痛无明显缓解。于伤后2周右下肢肿痛明显加重,去医院复查,拆除原石膏并重新固定包扎,但肿胀仍进行性发展至大腿,因胀痛难忍,再次急诊,未得明确诊断。留院观察4天后坐起吃饭时突然高叫一声,当即心跳呼吸停止,抢救无效死亡。

讨论题

1. 此病员骨折后第二次小腿肿胀,且进行性加重,为什么?
2. 病人突然死亡的原因是什么?尸检时可能有何重要发现?
3. 本例的临床处理上有哪些是应该引以为戒的?

四、思考题

1. 用橡皮筋将一手指紧紧捆住,过一至两分钟后,手指末端的颜色、温度有何变化?主观感觉如何?如何解释?
2. 为什么在骨折处固定上夹板或绑石膏带时不能过紧?
3. 混合血栓有哪些特点?试说明镜下所见血栓的各层排列形成的机制和具体形态结构。
4. 肺动脉栓塞标本中肺动脉总干内的堵塞物是什么?是死后凝血块、血栓形成还是血栓栓塞?为什么?肺有没有梗死形成?
5. 简述血栓、栓子、梗死、坏死、坏疽互相间的关系和异同点。

第四章 炎症

一、目的要求

(1) 掌握急性炎症的基本病理变化及各类炎症的形态特点。
(2) 了解炎症的发生、发展及结局。

二、实习内容

大体标本
① 纤维蛋白性心包炎
② 假膜性炎
③ 假膜性肠炎
④ 出血性肠炎
⑤ 蜂窝织性阑尾炎
⑥ 脑脓肿
⑦ 肺脓肿
⑧ 肠黏膜炎性息肉
⑨ 慢性扁桃体炎
⑩ 乙型脑炎
⑪ 胃黏膜糜烂
⑫ 胃溃疡
⑬ 胸膜炎机化
⑭ 败血脾

组织切片
① 各类炎症细胞
② 蜂窝织性阑尾炎
③ 肺脓肿
④ 假膜性肠炎
⑤ 慢性胆囊炎
⑥ 纤维素性心包炎
⑦ 纤维素性胸膜炎
⑧ 炎性假瘤
⑨ 炎性息肉
⑩ 异物肉芽肿

(一) 大体标本

1. 纤维蛋白性心包炎(绒毛心) fibrinous pericarditis (butter and bread pericarditis)

心包壁层已被剪去,心外膜(脏层)表面粗糙,覆以一层灰黄色渗出物,呈破絮状或条索状,分布大致均匀,似毛巾的表面。

2. 假膜性炎(白喉) pseudomembranous inflammation (diphtheria)

气管及支气管由背侧剪开,黏膜面自咽喉部沿气管、支气管表面覆有一层灰白色膜状渗出物,即假膜。会厌及喉部之假膜附着紧密(固膜),气管及支气管中假膜大部分剥离或脱落(浮膜),其深部之黏膜粗糙无光泽。肺的切面结构较疏松,部分标本有小灶性实化区。(假膜性炎是如何引起的?喉头及气管之病变及后果有所不同,为什么)

第四章 炎症

3. 假膜性肠炎（菌痢） pseudomembranous enteritis (bacillary dysentery)

结肠黏膜表面有一层灰黄色的假膜被覆，并有小片的脱落，形成多数浅表性溃疡。肠壁因充血、水肿而增厚。（根据病理变化能否解释菌痢病人的脓血便）

4. 出血性肠炎（肠道炭疽） hemorrhagic enteritis (intestinal anthrax)

标本为空肠一段，肠壁肿胀呈灰褐色或黑褐色，无光泽，黏膜完整，绒毛可辨。

5. 蜂窝织性阑尾炎 phlegmonous appendicitis

阑尾肿胀，浆膜面可见小血管扩张充血，浆膜下结构污秽不清，部分区域有出血或附有灰黄色的脓性渗出物，切面显示阑尾全层充血、水肿，黏膜部分区域坏死、脱落（请注意有的阑尾腔扩张，有的标本狭窄，其机制各如何）。

6. 脑脓肿 abscess of the brain

脑实质内圆形脓腔内附少量黄绿色稠厚脓液，外周纤维包裹（脓肿壁），边界清楚，附近脑组织外观尚正常，脓肿侧脑半球较对侧肿胀。

7. 肺脓肿 abscess of the lung

肺内多个散在分布的黄绿色化脓灶，边界清楚，部分病灶内之脓液已排出，仅剩圆形的脓腔，其余肺组织因充血呈暗红色（试根据标本推测肺脓肿病人可能出现的临床症状）。

8. 肠黏膜炎性息肉 inflammatory polyp of intestine

肠壁增厚，部分黏膜因上皮增生而形成多数短小之黏膜突起，即为息肉。

9. 慢性扁桃体炎 chronic tonsillitis (proliferative inflammation)

扁桃体显著肿大，部分表面覆有少许灰白色渗出物（试结合组织切片所见，来解释扁桃体肿大之病理基础）。

10. 乙型脑炎 encephalitis type B

脑膜透明，较充血，脑回轻度肿胀，切面见皮质或基底核内散在有多数针头大小的软化灶。

11. 胃黏膜糜烂 erosion of gastric mucosa

胃底部可见多数点状散在分布的黏膜缺损，表面出血，呈暗棕色，此种浅表的上皮缺损即为糜烂。

12. 胃溃疡 gastric ulcer

胃小弯处见一圆形凹陷缺损，边缘整齐，底部平坦。切面见肌层破坏，代以大量灰白色瘢痕组织。

13. 胸膜炎机化 organization and adhesion after pleuritis

胸膜表面原有之纤维蛋白性渗出物已机化成为黄白色纤维结缔组织，致胸膜增厚，其结构紧密而具有光泽（试与绒毛心进行比较及鉴别）。

14. 败血脾 septic spleen

脾脏轻度或中度肿大，表面较光滑，质地较软，切面呈灰红色，白髓难以辨认，结构松烂(若为尸解新鲜标本,能用刀背刮下大量"果酱"样糊状物)。

(二) 组织切片

1. 各类炎症细胞 inflammatory cells(图 4-1)

高倍镜下胞浆嗜酸性,红染,核分叶的为嗜酸性粒细胞;浆细胞呈卵圆形或圆形,核圆,多偏居细胞一侧,胞质丰富;淋巴细胞的细胞核丰富,胞质少,几乎呈裸核。

2. 蜂窝织性阑尾炎 phlegmonous appendicitis(图 4-2-1~3)

此为阑尾的横切面,黏膜层、黏膜下层、肌层及浆膜层充血,结构疏松,有大量炎细胞浸润,以中性粒细胞为主,分布弥漫。腔内积有纤维蛋白性脓性渗出物,部分区域黏膜上皮坏死脱落。

3. 肺脓肿 abscess of the lung(图 4-3-1~2)

肉眼观察组织切片可见肺组织内有呈圆形紫色的致密病灶,即脓肿。镜下见脓肿灶内的肺组织已被破坏,积集以大量中性粒细胞及脓细胞。病灶边界清楚,周围肺组织充血,肺泡壁内亦有炎细胞浸润,包括中性粒细胞、淋巴细胞及单核细胞。

4. 假膜性肠炎(菌痢)

pseudomembranous enteritis(bacillary dysentery)(图 4-4-1~2)

肠黏膜浅表部分的上皮细胞坏死、脱落,代之以一层纤维蛋白性渗出物(假膜)。高倍镜下见假膜主要由纤维蛋白细丝交织而成,其间网罗着中性粒细胞及上皮细胞的碎屑,整个肠壁特别是黏膜及黏膜下层明显充血、水肿及灶性出血,并有少量中性粒细胞及单核细胞浸润。

5. 慢性胆囊炎 chronic cholecystitis(图 4-5)

黏膜萎缩,黏膜下层及肌层内纤维增生,其中有淋巴和单核细胞浸润(有急性发作者,可见中性粒细胞浸润及水肿)。

6. 纤维素性心包炎 fibrinous pericarditis(图 4-6)

低倍镜下即可见大量红染的纤维素样物交织成网状,并见较多的白细胞和坏死物覆盖于心外膜。

7. 纤维素性胸膜炎 fibrinous pleurisy(图 4-7-1~2)

肺组织表面可见大量红染的条索状纤维素样物质,其中可见较多的白细胞和坏死物。

8. 炎性假瘤 inflammatory pseudotumor(图 4-8)

镜下见由肉芽组织、炎细胞、增生的肺泡上皮细胞和纤维结缔组织组成,并可见棕黄色的含铁血黄素。

9. 炎性息肉 inflammatory polyp(图 4-9-1~2)

肉眼见组织呈瓜子形,较窄的一端有蒂。镜下除蒂部外,组织四周均有被覆上皮覆盖(鳞状或柱状,后者部分区域有增生),间质较疏松(为什么),毛细血管增生、扩张、充血,有较多淋巴细胞和浆细胞,以及少量中性和嗜酸性粒细胞浸润,尤其以顶端为明显。蒂部组织较致密,有较大血管。

10. 异物肉芽肿 foreign body granuloma(图 4-10-1~2)

低倍镜下可见皮肤组织的真皮层有境界清楚的结节状病灶,高倍镜下可见该结节状病灶由大量上皮样细胞、异物巨细胞组成,周边也可见淋巴细胞。

组织切片课外补充

1. 慢性扁桃体炎 chronic tonsillitis

扁桃体的淋巴组织增生,淋巴滤泡明显增多,生发中心增大,其中部分巨噬细胞的胞质内可见核碎屑(吞噬现象)。部分隐窝表面所覆之鳞形上皮坏死脱落,有炎细胞浸润,主要为淋巴细胞及浆细胞。

2. 慢性宫颈炎 chronic inflammation of cervix

黏膜上皮下及腺腔周围大量炎细胞浸润,主要为淋巴细胞、浆细胞及单核细胞,腺体分泌旺盛,部分腺腔扩张,内贮黏液。

3. 败血脾 septic spleen

脾窦扩张,脾窦及脾索内有大量单核细胞及中性粒细胞。白髓变小,间距增宽。

三、病例讨论

男性,40 岁。颈部患"疖",红、肿、热、痛,10 天发展至手掌大小,体温 38℃,局部手术切除,当晚即恶寒、高热、头痛,次日体检发现病人轻度黄疸。肝脾肿大,体温 39℃,白细胞计数 $2 \times 10^{10}/mm^3$。

讨论题

用你所学的炎症知识,做出本例的病理诊断,并解释上述临床表现。

四、思考题

1. 根据标本和切片所见,如何从病理形态上诊断炎症病变。
2. 分别从病变的形态和后果比较:
(1) 浆膜的纤维蛋白性炎及黏膜的纤维蛋白性炎;
(2) 脓肿及蜂窝织性阑尾炎;
(3) 急性炎症及慢性炎症。

第五章　肿瘤

一、目的要求

（1）掌握肿瘤良恶的鉴别，试从肿瘤的细胞与组织分化、生长方式、生长速度、有无转移以及对机体的危害等各个方面加以比较。
（2）掌握常见肿瘤的分类和命名原则以及癌和肉瘤在形态上的区别。
（3）通过参观、示教或教学录像了解肿瘤的常规病理学诊断方法、应用范围和注意事项。
（4）介绍常规活组织检查的取材、脱水、包埋、切片、诊断步骤及注意点。

二、实习内容

大体标本
① 皮肤乳头状瘤
② 皮肤鳞形细胞癌
③ 结肠腺瘤
④ 肠（胃）腺癌
⑤ 甲状腺腺瘤
⑥ 甲状腺腺癌
⑦ 纤维瘤
⑧ 纤维肉瘤
⑨ 淋巴结转移性乳腺癌
⑩ 肺转移性癌
⑪ 肝转移性癌
⑫ 横膈（或腹膜）转移性胃癌
⑬ 卵巢黏液性囊腺瘤
⑭ 阴茎鳞形细胞癌
⑮ 肾盂（或膀胱）乳头状移行细胞癌
⑯ 肾腺癌
⑰ 脂肪瘤
⑱ 子宫平滑肌瘤
⑲ 骨肉瘤
⑳ 骨巨细胞瘤
㉑ 恶性淋巴瘤
㉒ 白血病脾
㉓ 神经鞘瘤
㉔ 大脑星形胶质细胞瘤
㉕ 脑膜瘤
㉖ 畸胎瘤
㉗ 黑色素瘤

组织切片
① 骨肉瘤
② 结肠腺癌
③ 结肠腺癌
④ 毛细血管瘤
⑤ 海绵状血管瘤
⑥ 黑色素瘤
⑦ 基底细胞癌
⑧ 交界痣
⑨ 畸胎瘤
⑩ 淋巴结转移性癌
⑪ 高分化鳞状细胞癌
⑫ 乳腺癌
⑬ 膀胱乳头状移行细胞癌
⑭ 皮肤乳头状瘤
⑮ 平滑肌肉瘤
⑯ 纤维瘤

⑰ 纤维肉瘤
⑱ 乳腺纤维腺瘤
⑲ 黏液癌
⑳ 脂肪瘤

(一)大体标本

1. 皮肤乳头状瘤 papilloma of the skin

肿瘤突出于皮肤表面,外形似桑果,肿瘤基底部有蒂,可活动(无浸润现象)。临床病史长,肿瘤生长缓慢。

2. 皮肤鳞形细胞癌 squamous cell carcinoma of the skin

肿瘤呈菜花状生长,表面有溃疡形成,肿瘤切面灰白色,质硬而表面易碎,基底宽,肿瘤组织呈蟹足状向皮下组织浸润性生长,与周围组织无明显界线(试与上述乳头状瘤做比较)。

3. 结肠腺瘤 adenoma of the colon

肿瘤突出于肠黏膜表面,呈息肉状生长,基底部有细长之蒂与肠壁相连,可活动。周围肠壁光滑。

4. 肠(胃)腺癌 adenocarcinoma of the intestine (or stomach)

肿瘤呈蕈伞状或浸润性生长,表面均有坏死(为什么),基底宽。肿瘤切面灰白色,呈蟹足状向周围组织浸润,边界不清。有的标本中可以见到局部淋巴结肿大,切面灰白色。

5. 甲状腺腺瘤 adenoma of the thyroid

肿瘤呈球形,边界清楚,包膜完整,切面灰白色或灰红色。

6. 甲状腺腺癌 adenocarcinoma of the thyroid

肿瘤灰白色,略呈圆形,边界不清,未见包膜。

7. 纤维瘤 fibroma

肿瘤呈球形,边界清楚,可有包膜(膨胀性生长),切面形态呈纤维条索状(组织分化成熟)。

8. 纤维肉瘤 fibrosarcoma

肿瘤边界尚清楚,但无包膜,切面为粉红色或灰白色细腻的鱼肉状,无典型的纤维条索(细胞丰富,组织分化差),部分区域有黏液样变性(生长快,组织变性)。本例临床上肿瘤生长迅速,且有复发史。

9. 淋巴结转移性乳房癌 metastatic breast cancer in axillary lymph nodes

乳癌根治标本除见乳房内有乳癌病灶外,腋窝淋巴结明显肿大,切面灰白色,部分区域有黄色之坏死灶(切片证实淋巴结内有乳腺癌的组织)。

10. 肺转移性癌 metastatic carcinoma of the lung

肺表面及切面有多个散在分布的球形肿瘤结节,分界清楚,但无包膜形成。

11. 肝转移性癌 metastatic gastric carcinoma of the liver

肝脏切面见多个球形结节,分界清楚。肿瘤中央可有坏死出血,靠近包膜之肿瘤结节中央可见"脐凹"。

12. 横膈(或腹膜)转移性胃癌

transplanted gastric carcinoma on diaphragm (or on peritoneum)

横膈腹膜面有散在分布的大小不等的球形结节,肿瘤组织灰白色,质脆,部分区域有坏死出血。

第一,上皮性肿瘤包括以下四种。

13. 卵巢黏液性囊腺瘤 mucinous cystadenoma of the ovary

肿瘤大,包膜完整,外壁光滑,切面见多房性囊,囊内有黏液性物质。卵巢组织几乎全被肿瘤占据。

14. 阴茎鳞形细胞癌 squamous cell carcinoma of the penis

阴茎头部被灰红色菜花状肿块取代,切面见肿瘤呈乳头状生长,与周围组织分界不清。有的标本可见肿瘤侵及、破坏尿道及海绵体。

15. 肾盂(或膀胱)乳头状移行细胞癌

papillary transitional carcinoma of the renal pelvis (or bladder)

肿瘤向肾盂(或膀胱)表面突起,呈乳头状或绒毛状,瘤组织切面灰白色,基底宽,呈浸润性生长,肿瘤部分区域可见坏死、出血。

16. 肾腺癌 adenocarcinoma of the kidney

肿瘤呈球形,边界尚清楚。切面边缘部肿瘤组织灰白色,其中央部有坏死、出血及黏液样变性(变白色),标本新鲜时肿瘤呈红、黄、紫、褐多种颜色,肿瘤周围肾组织受压萎缩。

第二,间叶组织肿瘤包括以下四种。

17. 脂肪瘤 lipoma

肿瘤外观分叶状,包膜完整,切面为黄色脂肪组织,内有纤细之纤维结缔组织间隔。

18. 子宫平滑肌瘤 leiomyoma of the uterus

子宫肌壁间、内膜下或浆膜下可见一个或多个大小不等的球形肿瘤,分界清楚,切面灰白色,可见肌纤维排列成旋涡状,部分肿瘤组织有黏液样变性(呈白色)。

19. 骨肉瘤 osteosarcoma

肿瘤位于长骨的一端,瘤组织充满骨髓腔,并穿破骨皮质及骨膜(或关节软骨面),向软组织中生长,形成大肿块。肿瘤组织灰白色,有坏死、出血,并有黄色点状及条状(有的呈放射状)的骨样组织。

20. 骨巨细胞瘤 giant cell tumor of the bone (osteoclastoma)

长骨剖面所见的干骺端已被肿瘤占据,肿瘤无包膜,质地较松脆,呈暗红或灰红色,部分区域呈分叶海绵状,肿瘤组织内伴有坏死、出血。有的标本中呈囊性变,骨皮质受压变薄,向外膨出。

第三，淋巴造血组织肿瘤包括以下两种：均为恶性肿瘤，详见第十一章淋巴造血系统疾病。

21. 恶性淋巴瘤 malignant lymphoma

22. 白血病脾（或肝）spleen (or liver) in leukemia

第四，神经组织肿瘤包括以下三种：详见第十四章神经系统疾病。

23. 神经鞘瘤 neurilemmoma

24. 大脑星形胶质细胞瘤 astrocytoma

25. 脑膜瘤 meningiomas

第五，其他肿瘤包括以下两种。

26. 畸胎瘤 teratoma

肿瘤包膜完整，切面见实质区及囊腔，可见三个胚层的组织，内含毛发、皮脂、骨、软骨、脂肪、脑，甚至牙齿等。

27. 黑色素瘤（皮肤）melanoma of the skin

肿瘤突起于皮肤表面，其中央部分有坏死。切面见纤细之纤维条索将肿瘤分隔成花瓣状，瘤组织因所含色素多少而呈现黑、棕、灰等颜色。

（二）组织切片

1. 骨肉瘤 osteosarcoma（图 5-1）

肿瘤组织由大小不等、异型性显著的瘤细胞组成，细胞可为立方形、多边形、梭形或蝌蚪状等，排列不规则，细胞核大、染色深，部分细胞核仁明显。部分区域可见伊红均质之骨样组织或新骨形成。肿瘤组织有灶性坏死、出血。

2. 结肠腺癌 adenocarcinoma of the colon（图 5-2-1~2）

部分肠黏膜为癌组织取代。癌细胞呈腺管状排列，腺管结构不规则，管腔大小不一，细胞层次增加，癌细胞为柱形或立方形，大小不一，形态各异，细胞核大、染色深，失去极性，可见一定量的核分裂像，腺癌组织已浸润至黏膜下层或肌层，癌组织间有纤维间隔。这些形态可与周围正常腺体做比较。

3. 结肠腺瘤 adenoma of the colon（图 5-3-1~2）

结肠黏膜增生呈息肉状，肿瘤有蒂与肠壁相连，周围肠壁结构完好。肿瘤内有多量大小不等、形态多样的腺体。腺上皮细胞为柱形，排列整齐，有分泌现象，细胞核小，位于基底，与正常结肠腺体无明显差异。

4. 毛细血管瘤 capillary hemangioma（图 5-4）

肿瘤由大小不等的毛细血管组成。

5. 海绵状血管瘤 angiocavernoma（图 5-5）

肿瘤由大小不等的血窦样腔隙构成，腔内明显充血。

6. 黑色素瘤 melanoma（图 5-6-1~2）

表皮下见大量巢状肿瘤组织。瘤细胞大多呈多边形，部分为梭形，尚有少数较小的细胞。核异型,核仁明显,分裂像易见。胞质内常见棕黄色色素颗粒。肿瘤表面有时可见有出血、坏死。

7. 基底细胞癌 basal cell carcinoma(图 5-7-1~2)

肿瘤由基底样细胞团构成,周边部细胞栅栏状排列,中心部细胞排列较杂乱。细胞大小较一致,胞浆较少,核有一定异型性。

8. 交界痣 junctional nevus(图 5-8)

痣细胞位于真皮与表皮交界处,痣细胞多为上皮样痣细胞。痣细胞可累及毛囊、皮脂腺及汗腺等。

9. 畸胎瘤 teratomas(图 5-9)

该组织切片是以表皮和附件组成的单胚层畸胎瘤,即皮样囊肿。

10. 淋巴结转移性癌 metastatic carcinoma of the lymph node(图 5-10-1~2)

切片显示淋巴结边缘窦及淋巴组织中有散在或成团分布的癌组织,癌细胞大小不一,形态各异,细胞核大、深染,可见核分裂像。

11. 高分化鳞状细胞癌 squamous cell carcinoma of the esophagus(图 5-11)

癌组织排列成巢状,由结缔组织分隔。癌巢中央可见层状红染物质,即角化珠。癌细胞为多角形,大小不一,核大而失去极性,染色质多而分布不均匀,核仁清楚,核分裂像易见,高倍镜下癌细胞间可见细胞间桥。

12. 乳腺癌 breast carcinoma(图 5-12)

肿瘤组织排列成巢状、片块状或条索状,有纤维结缔组织间隔。癌细胞呈多角形,体积大,细胞核大,染色深,有的核仁明显,核分裂像甚多,并可见病理性核分裂像。

13. 膀胱乳头状移行细胞癌

papilloma transitional carcinoma of the bladder(图 5-13-1~2)

膀胱移行上皮乳头状增生,层次明显增多,细胞丰富,体积大,略有异型性,细胞核较大、染色较深。尚见到少数核分裂像。

14. 皮肤乳头状瘤 papilloma of the skin(图 5-14-1~2)

复层鳞状上皮细胞明显增生,层次增加,于皮肤表面形成乳头状突起,并向真皮层形成粗大之钉突(上皮脚)。各层细胞排列整齐,形态与正常鳞状上皮细胞相似,可见角化及细胞间桥(组织分化成熟)。基底膜完整(无浸润性生长)。间质有结缔组织和丰富的血管、淋巴管。

15. 平滑肌肉瘤 leiomyosarcoma(图 5-15-1~2)

瘤细胞呈束状、旋涡状排列,胞浆丰富,核大,呈杆状,异型性明显,可见病理性核分裂像。

16. 纤维瘤 fibroma(图 5-16-1~2)

切片取自瘤组织。瘤细胞呈梭形,核小,似正常之纤维细胞。细胞排列多呈束状,部分区域肿瘤组织可见胶原化及玻璃样变性。

17. 纤维肉瘤 fibrosarcoma（图 5-17-1～2）

肿瘤无明显包膜，瘤细胞丰富，弥漫一片，成束交叉排列，细胞呈梭形，胞质少，核大，染色质密集，可见核分裂像（试与上述纤维瘤之切片做对照）。

18. 乳腺纤维腺瘤 fibroadenoma of the breast（图 5-18）

肿瘤组织中可见增生之腺体和纤维结缔组织，腺上皮排列整齐，细胞大小、形态与正常乳腺腺管相似，多数腺腔狭窄，部分纤维结缔组织呈黏液样变性。肿瘤周围可见完整的纤维包膜。

19. 黏液癌 mucoid carcinoma（图 5-19）

肿瘤由大小不等的腺样结构组成，内有大量黏液，腺上皮由柱状上皮组成，另可见黏液湖形成。

20. 脂肪瘤 lipoma（图 5-20）

大量成熟脂肪细胞聚集在一起，其间可见纤维组织分隔。

组织切片课外补充

1. 骨巨细胞瘤 giant cell tumor（osteoclastoma）

骨巨细胞瘤由单核的间质细胞与多核巨细胞所构成。间质细胞呈弥漫而均匀地分布，其细胞大多呈短梭形、卵圆形，部分呈圆形，均无异型性。多核巨细胞均匀地散布于间质细胞之间，体积较大，形态不一，富于胞质，红染，有数个甚至数十个大小较一致的细胞核，多在胞质中央，但无异型性。

2. 脱落细胞涂片观察

要求识别正常细胞和恶性细胞，其最主要的特点是胞核、胞质的比例失调、胞核增大、染色质增粗、深染。

三、思考题

1. 如何从形态上区别肿瘤的良恶性？
2. 体表的肿瘤如何通过询问病史和体格检查以初步确定它是良性还是恶性？
3. 良性和恶性肿瘤对机体危害各有什么不同？
4. 什么叫肿瘤转移？常见肿瘤转移的方式有哪些？
5. 转移性肿瘤与原发性肿瘤形态上有何异同？
6. 认识肿瘤转移的规律有什么实践意义？
7. 肿瘤可分哪几类？如何命名？请举例说明之。
8. 在我国男性和女性中最常见的恶性肿瘤分别有哪些？儿童中最常见的恶性肿瘤又有哪些？
9. 试举出五个恶性肿瘤的完整命名（包括组织来源、巨体型别、镜下分型、分级等）。
10. 在病理形态学上癌和肉瘤的区别原则是什么？
11. 肿瘤的病理诊断有哪些常规方法？各种方法有什么优缺点？

第六章　心血管系统疾病

一、目的要求

（1）掌握风湿性心脏病的基本病理变化、发生发展及其后果。

（2）了解亚急性和急性细菌性心内膜炎的形态特点。比较风湿性心内膜炎与细菌性心内膜炎形态上的区别及相互关系。

（3）掌握高血压病的主要脏器的病理改变、后果及其与动脉粥样硬化之间的关系。

（4）掌握动脉粥样硬化的病变特点，在不同脏器所引起的各种后果及其与高血压病的关系。

二、实习内容

大体标本
① 急性风湿性全心炎
② 慢性风湿性心脏病
③ 慢性风湿性心脏病
④ 慢性风湿性心脏病
⑤ 亚急性细菌性心内膜炎
⑥ 急性细菌性心内膜炎
⑦ 肾细动脉硬化
⑧ 高血压性心脏病
⑨ 主动脉粥样硬化
⑩ 脑动脉粥样硬化
⑪ 冠状动脉粥样硬化
⑫ 肾粗动脉硬化
⑬ 室间隔缺损
⑭ 房间隔缺损

组织切片
① 主动脉粥样硬化
② 亚急性细菌性心内膜炎
③ 风湿性心肌炎
④ 心肌梗死

第六章 心血管系统疾病

（一）大体标本

1. 急性风湿性全心炎 acute rheumatic pancarditis

二尖瓣（或三尖瓣）闭锁缘上有一排串珠样整齐排列、针尖大小、半透明的粉红微带白色的小颗粒状物（赘生物），心室腔扩张，心尖钝圆，乳头肌和小梁肌变扁，而瓣膜仍甚薄，富于光泽，腱索细。心外膜上可见少量纤维蛋白性渗出。

2. 慢性风湿性心脏病（二尖瓣病变）chronic rheumatic heart disease (mitral lesion)

二尖瓣瓣膜纤维性增厚，变形，无光泽，质较硬，无弹性。有些标本瓣叶联合处相互粘连，二尖瓣口径变小，即为二尖瓣狭窄。如不剪开二尖瓣从左心房往下看，则见二尖瓣口径高度狭窄呈鱼口状或纽扣洞状的裂隙。左心房明显扩张，左心房内膜纤维性增厚而变得粗糙。部分标本二尖瓣的腱索融合，明显增粗、缩短，将瓣膜往下拉，瓣叶间无明显粘连，此即为二尖瓣关闭不全。左心房及左心室均有一定程度的扩张。

3. 慢性风湿性心脏病（二尖瓣病变伴左心房内血栓形成）

chronic rheumatic heart disease (mitral lesion with thrombi in the left atrium)

二尖瓣瓣膜纤维化增厚，变硬，无光泽，瓣叶联合处互相粘连，腱索亦变粗、缩短。左心房扩张，内膜粗糙增厚，壁上黏附着不规则形的血栓，无光泽。表面见黄白色与棕红色相间的条纹。左心室亦略有扩张。

4. 慢性风湿性心脏病（主动脉瓣病变）

chronic rheumatic heart disease (lesion of aortic valves)

主动脉瓣瓣叶增厚，变硬，表面粗糙，无光泽，瓣叶联合处相互粘连，左心室肌壁增厚，心腔扩张。

5. 亚急性细菌性心内膜炎 subacute bacterial endocarditis

二尖瓣或主动脉瓣上有黄褐色或灰棕色的赘生物，大小中等，质较松脆，表面易脱落，基底与瓣膜连接紧密。瓣膜有轻至中度增厚、纤维化等变化，相应的心室肌肥厚及心腔扩张。

6. 急性细菌性心内膜炎 acute bacterial endocarditis

二尖瓣或主动脉瓣叶上见灰红色或黑褐色的赘生物，甚大，粗糙，质脆易碎。病变的瓣膜破坏严重，无明显的增厚粘连（为什么），有的瓣叶被破坏而形成穿孔。心脏扩大（为什么）。

7. 肾细动脉硬化 arteriole sclerosis of the kidney

肾脏体积缩小，重量减轻，表面呈均匀一致的细颗粒状的小突起（如何形成）并见少数小囊肿。切面皮质变薄，皮髓质分界不清，肾小动脉壁厚而硬，呈鱼口状。肾盂周围有脂肪组织填充。此外，部分标本肾动脉主干、叶间动脉和弓形动脉伴有粥样硬化病变。

8. 高血压性心脏病 hypertensive heart disease

心脏体积明显增大，重量增加，左心室肌壁明显增厚，乳头肌及小梁肌均变粗。部分标本显示左心室心肌肥厚，但心腔不扩张（称向心性肥大），说明心脏尚处在代偿阶段。

部分标本除显著的左心室壁肥厚外,心腔亦扩张,表现为心尖钝圆(称离心性肥大),小梁肌变扁,二尖瓣、主动脉瓣环周径变大,说明心脏已失去代偿。升主动脉内膜面常可同时见到轻重不等的脂质斑纹和表面隆起的黄色或白色斑块,此为动脉粥样硬化病变。

9. 主动脉粥样硬化 atherosclerosis of the aorta

胸、腹主动脉的内膜面有散在的浅黄色斑纹,微微高出表面,此为主动脉粥样硬化早期病变。另见内膜上大小不等的黄白色蜡滴状的突起为纤维斑块,系脂质沉积和纤维增生反复交替发生的结果。部分标本上尚可见斑块溃破形成粥样硬化溃疡,同时在其表面有红褐色的血栓形成或黄白色钙盐沉着,质脆,甚至有坚硬鳞片状的钙化或骨化灶。

10. 脑动脉粥样硬化(伴脑出血)

atherosclerosis of cerebral arteries (with hemorrhage of the brain)

脑基底动脉粗细不一,厚薄不均,动脉增粗,形成动脉瘤样病变。管壁变厚处透过外膜可见到深部的灰黄或灰白色粥样斑块。切面斑块向腔内突出,致动脉管腔变窄,相应的脑组织明显萎缩(脑沟变深,脑回变窄)。部分标本可见由于病变的血管破裂而引起的脑出血。

11. 冠状动脉粥样硬化(伴心肌梗死)

coronary atherosclerosis (with myocardial infarct)

冠状动脉左前降支,特别是接近于开口处的内膜面可见灰黄色斑块,管腔显著狭窄,注意心肌中可找到灰白色细条纹状纤维化(如何形成)。有时硬化的冠状动脉腔内见血栓形成,使管腔完全堵塞。部分标本于左室前壁或室间隔前 2/3 处可见到新鲜的梗死灶,梗死灶大小不一,形状不规则,质软,色灰黄,无光泽。部分标本因同时伴出血而呈暗红或紫褐色。心内膜面常可见红褐色附壁血栓。少数标本见梗死处心肌因壁薄、质软而穿破(心脏破裂)。大部分标本梗死灶都较陈旧,已纤维化而呈灰白色,心内膜面可附有灰红色血栓。有的标本上可见梗死心肌变薄处向外膨出形成"室壁瘤"(ventricular aneurysm),内有附壁血栓。

12. 肾粗动脉硬化 atherosclerosis of the kidney

肾脏体积小,表面高低不平,呈粗大的颗粒(与肾细动脉硬化的细颗粒不同,为什么),伴有小囊肿形成,切面见小动脉壁增厚,哆开。肾动脉主干有粥样硬化病变。

13. 室间隔缺损 ventricular septal defect

心室间隔的膜部可见一圆形(或椭圆形)缺损孔。从左室观察,缺口恰在主动脉瓣下方,从右室观察,缺口在三尖瓣之下,被三尖瓣的内侧瓣所遮盖。右心室壁增厚、心腔扩张。

14. 房间隔缺损 atrial septal defect

左、右心房之间的卵圆孔没有闭锁,形成一个相当大的孔。右心房壁略厚,房腔较扩张。

(二)组织切片

1. 主动脉粥样硬化 atherosclerosis of the aorta(图 6-1-1~2)

主动脉内膜增厚,纤维组织增生,并有玻璃样变性。在中央最厚部(内膜下)见一片浅伊红色无结构的坏死物,其中有许多呈斜方形、菱形及针形空隙(为胆固醇结晶,在制片时被溶去后留下之空隙),其附近尚可见许多圆形胞质似泡沫状的细胞,其核紫色,有的核位于一边,有的在中央,这些都是吞噬了类脂的泡沫细胞,中膜肌层轻度萎缩,外膜疏松,有少量淋巴细胞浸润。

2. 亚急性细菌性心内膜炎 subacute bacterial endocarditis(图 6-2)

镜下可见切片一端的赘生物为一片伊红染色的血小板和网状的纤维蛋白所构成,内有多量白细胞,尚有细小弥漫、浅蓝染色的细菌菌团及块状的紫蓝色钙化灶。

3. 风湿性心肌炎 rheumatic myocarditis(图 6-3-1~2)

心肌间质血管扩张、水肿(心肌纤维排列稀疏)。在血管周围可找到由成簇细胞构成之梭形或椭圆形病灶,即为风湿小体。在高倍镜下可见小体中央有少许伊红色絮状无结构物质为纤维蛋白样坏死,其外为形态特殊之单核细胞(即风湿细胞或称 Aschoff 细胞),此种细胞体积大,呈梭形或多边形,胞质丰富呈淡蓝色或紫色、核大而染色质疏松,核染色质集中一点似核仁,核膜清楚,有时为双核或多核。此外有少量淋巴细胞、单核细胞或浆细胞浸润。有的切片中血管壁纤维蛋白样坏死明显。

4. 心肌梗死 myocardial infarct(图 6-4)

心肌组织内可见到不同阶段的梗死灶,其分布参差不齐。新鲜梗死灶内心肌纤维伊红染色甚深,横纹模糊不清,细胞核消失,部分梗死心肌周围有中性粒细胞浸润;部分梗死灶正被吸收,心肌轮廓模糊;另一部分已吸收,代之以新生的肉芽组织,其间有残存的脂褐素。残存的心肌细胞体积较大,核深染,奇形怪状。心肌间质内纤维增生。血管壁呈现不规则增厚。

组织切片课外补充

1. 肾细动脉硬化 arteriolosclerosis of the kidney

肾小球附近之入球动脉(细动脉)玻璃样变性,管壁增厚,呈伊红色均质一片。弓形动脉及小叶间动脉(即小动脉)内膜纤维增生,呈洋葱皮样,管壁增厚,管腔变窄。部分肾小球纤维化、玻璃样变性,附近的肾曲管萎缩或消失(为什么)。部分肾小球体积增大,曲管扩张,而上皮细胞仍完整,间质纤维组织增生和淋巴细胞浸润。

2. 冠状动脉粥样硬化 coronary atherosclerosis

冠状动脉管腔狭窄,内膜不平,部分向管腔内呈半月形突起,其局部内膜增厚,纤维组织增生,其中有脂质沉积,并可见许多圆形、椭圆形吞噬类脂的泡沫细胞,其胞质呈泡沫状。边缘尚有炎症细胞浸润,主要为淋巴细胞和单核细胞。

3. 间质性心肌炎 interstitial myocarditis

心肌间质内弥漫性炎症细胞浸润,以单核和淋巴细胞为主,并可见中性粒细胞及少数嗜酸性粒细胞。炎细胞密集处之心肌细胞坏死或已消失。

三、病例讨论

张××,女,28岁,上海松江县人,1968年6月27日入院。

主诉:心悸、气促、一年不能平卧,近一周加剧。

现病史:1960年7月出现两膝关节肿痛,之后肩、踝关节也相继肿痛,呈游走性反复发作,伴发热。一周后出现心悸,稍活动就觉气促,经治疗后情况有所好转。1965年年初,曾有多次心悸、气促、发绀发作,晚间常端坐呼吸、不能平卧。一周前心悸、气促加剧,伴少尿和腹胀,急诊入院。

体格检查:半卧位,两颊暗红,唇略发紫,脉搏94次/分、呼吸26次/分、血压14.1/8.3kPa、体温正常,两下肢水肿,右下肢为甚。

心:心尖搏动在左锁骨中线第5肋间外2cm,心界明显扩大。心尖区可闻及Ⅲ级收缩期吹风样杂音和Ⅱ级舒张期雷鸣样杂音。

肺:呼吸音粗,左侧肺底部可闻及少许湿性罗音。

肝:下界在肋缘下4cm,质地中等,有轻度压痛。

临床诊断:风湿性心脏病,二尖瓣狭窄及关闭不全。

住院期间虽经强心剂、抗生素等治疗,病情未见好转,2天后死亡。

尸检发现:

(1) 风湿性心脏病,二尖瓣狭窄及关闭不全,二尖瓣瓣膜增厚,瓣膜边缘有少量赘生物形成,左右心室扩张。

(2) 左肺下叶出血性梗死。

(3) 右肾贫血性梗死。

(4) 右下肢股静脉血栓形成。

(5) 肝、脾、肾、脑淤血。

讨论题

(1) 如何将上述各脏器的变化联系起来?

(2) 如何用尸检发现解释死者生前的临床表现?

(3) 死亡原因是什么?

四、思考题

1. 二尖瓣狭窄和二尖瓣关闭不全是如何产生的?在心脏和全身可引起哪些后果?

2. 冠状动脉粥样硬化的病变特点是什么?可引起哪些严重后果?

3. 为什么在心血管系统疾病时易并发血栓形成?如果有血栓形成,易发于哪些部位?为什么?如何将血栓、昏迷以及下肢坏疽联系起来?

第七章　呼吸系统疾病

一、目的要求

（1）掌握大叶性肺炎、小叶性肺炎、慢性支气管炎、肺气肿、支气管扩张症、矽肺、肺癌、鼻咽癌等常见疾病的病理形态变化。

（2）综合上述疾病大体标本及组织切片所见，进一步理解这些疾病的发病机制、相互联系及由此引起的临床表现。

二、实习内容

大体标本
① 大叶性肺炎
② 小叶性肺炎
③ 慢性支气管炎
④ 肺气肿
⑤ 肺萎陷
⑥ 支气管扩张症
⑦ 矽肺
⑧ 肺源性心脏病
⑨ 肺癌
⑩ 鼻咽癌

组织切片
① 大叶性肺炎
② 小叶性肺炎
③ 慢性支气管炎
④ 肺气肿
⑤ 支气管扩张症
⑥ 矽肺
⑦ 鼻咽癌
⑧ 肺癌

（一）大体标本

1. 大叶性肺炎 lobar pneumonia

肺体积增大饱满，切面灰黄色，质实如肝，病变均匀一致，胸膜表面有少量纤维蛋白性渗出物。

2. 小叶性肺炎 lobular pneumonia

肺的切面上有簇状散在分布不规则的灰黄色实化灶，边界不清，似"梅花"斑状，个别区域的病灶似有融合之趋势，支气管黏膜显著充血，腔内充满脓性痰液。（大叶性肺炎和

小叶性肺炎的病变有何不同？试从发病机制方面讨论其异同的原因）

3. 慢性支气管炎 chronic bronchitis

支气管黏膜充血呈暗褐色，黏膜表面粗糙，并可见许多针头大小的小孔（因腺体导管开口增大所致），其余肺组织较疏松（气肿）。

4. 肺气肿 pulmonary emphysema

肺组织膨胀，体积增大，边缘变钝，切面似海绵状，气道扩张，有的甚至融合成大泡，整个肺组织有较多或簇状分布的炭末沉积斑点。

5. 肺萎陷 pulmonary collapse

肺组织体积缩小，边缘锐薄，切面因肺泡萎陷而质致密，血管、支气管、炭末斑等都挤在一起，常因伴有淤血而呈暗红色。

6. 支气管扩张症 bronchiectasis

一段（或数段）肺组织之支气管呈囊状或圆柱状扩张（腔内之脓痰已于制作标本时流失），扩张的支气管黏膜充血。黏膜表面有横行细网状的皱襞，周围之肺组织可有纤维化、气肿或萎陷（根据标本所见能否联系支气管扩张症的主要临床表现）。

7. 矽肺 silicosis

肺切面的大部肺组织已纤维化，呈灰白色云雾状，质地致密，在此背景上，散在分布着多量针头大小的灰白色半透明小点（矽结节），余肺呈气肿状。肺门淋巴结也有上述灰白色小点，个别标本存在结核病变，空洞形成，胸膜弥漫增厚、纤维化。

8. 肺源性心脏病 cor pulmonale

心脏体积增大，外观呈球形，右心室壁较正常明显增厚（大于0.5cm），右心腔明显扩张，尤以肺动脉圆锥部为明显，各瓣膜无明显异常。

9. 肺癌 carcinoma of the lung

灰白色的肿瘤组织由左、右支气管（或段级支气管）壁长出，突入管腔，引起管腔狭窄，并向周围组织浸润延伸，形成巨大的块物，与周围肺组织分界不清，肺门淋巴结可见相似肿瘤组织转移。有时肿瘤远端之肺组织，可见小叶性肺炎、支气管扩张及肺萎陷等病理变化（为什么）。

10. 鼻咽癌 nasopharyngeal carcinoma

在头颅矢状剖面中可见鼻咽部的灰白色肿瘤组织，与周围无明显界线，肿瘤破坏颅底骨质，并向颅内浸润性生长。

（二）组织切片

1. 大叶性肺炎（灰色肝样变期）lobar pneumonia（gray hepatization）（图7-1-1~2）

病变均匀一致，肺泡腔内充满大量纤维蛋白和中性粒细胞，肺泡壁毛细血管受压萎瘪，支气管上皮大多脱落，管壁充血水肿，有单核细胞及中性粒细胞浸润，腔内亦有同样渗出物。胸膜表面亦可见多量纤维蛋白及中性粒细胞。

第七章 呼吸系统疾病

2. 小叶性肺炎 lobular pneumonia（图 7-2-1 ~ 3）

病变常围绕细支气管呈灶状分布，支气管壁充血水肿，有多量中性粒细胞和少量单核细胞浸润，上皮细胞部分坏死脱落，腔内充有上述炎性渗出物，支气管周围之肺泡腔内有中性粒细胞、大单核细胞及纤维蛋白渗出。其余部位之肺泡壁毛细血管扩张充血。病变周围可见代偿性肺气肿。

3. 慢性支气管炎 chronic bronchitis（图 7-3-1 ~ 2）

支气管壁充血水肿，有较多淋巴细胞、单核细胞及浆细胞浸润，黏膜上皮变性、坏死、脱失。部分发生鳞形上皮化生。黏液腺增生肥大。

4. 肺气肿 pulmonary emphysema（图 7-4）

肺泡腔弥漫性扩张，肺泡壁变薄或断裂，间隔变窄，部分肺泡间隔断裂，肺泡相互融合成大泡。

5. 支气管扩张症 bronchiectasis（图 7-5-1 ~ 3）

支气管管腔扩张，黏膜形成许多皱褶，上皮尚完整，管壁明显增厚，纤维组织增生，平滑肌束肥大，支气管黏膜下血管扩张充血，有较多淋巴细胞、单核细胞及浆细胞浸润，周围肺组织的肺泡呈轻度萎陷或扩张。壁内小动脉内膜增厚，腔变窄。

6. 矽肺 silicosis（图 7-6-1 ~ 2）

肺组织中有大小不等的矽结节，结节主要由增生的胶原纤维组成，呈同心圆状排列，似"洋葱皮"样结构，有的已发生玻璃样变性，其中央有时可见到残留的小血管，结节边缘可见较多的成纤维细胞、大单核细胞，其余肺组织呈现不同程度的气肿。本组织切片中尚可见到结核结节。

7. 鼻咽癌（泡状细胞型） nasopharyngeal carcinoma（图 7-7）

肿瘤呈巢状，大部分细胞大，胞质较多，染色淡，核大而圆或椭圆形，呈泡状，核仁明显。少数细胞较小，染色深，呈梭形。间质内纤维组织丰富。癌巢及间质内有大量淋巴细胞（此型过去称淋巴上皮癌）。

8. 肺癌 carcinoma of the lung（图 7-8）

本实验关于肺癌的组织切片有多种，其中一种为未分化癌，大片肿瘤细胞弥漫浸润支气管的黏膜层、黏膜下层及管壁周围之肺组织。瘤细胞体积较小，胞质亦少，核呈圆形或略带卵圆形（称燕麦细胞 oat cell），深染，有较多的核分裂像。瘤细胞排列成巢状或片状，间质不太丰富。

本实验教材后附图为鳞状细胞癌，可见癌组织呈巢状或片状排列，细胞体积较大，核深染。

组织切片课外补充

1. 间质性肺炎 interstitial pneumonia

组织致密，肺泡壁及间质明显增宽，其中毛细血管和小血管扩张、充血，间质内有单核细胞、淋巴细胞及少量中性粒细胞浸润并有水肿及纤维细胞增生。肺泡腔大多开放，部分腔较狭小,腔内有大吞噬细胞及水肿液,亦见少量淋巴细胞和中性粒细胞。支气管上皮常有脱落。

2. 肺肉质变 pulmonary carnification

病变区肺组织致密,肺泡腔内有肉芽组织或纤维组织,由肺泡壁向腔内呈息肉状突起,或相邻肺泡腔内纤维组织通过孔氏孔相连,呈"哑铃"状,有的表面覆以肺泡上皮。部分肺泡腔内尚可见渗出的炎症细胞及泡沫细胞。肺泡壁及间质内纤维组织增生。

三、病例讨论

张××,男,52岁,船工。自幼起经常咳嗽、哮喘、多痰,并时有咯血。近5~6年来常感心悸、气急,稍快跑后即明显。1个月前出现畏寒,咳嗽加剧,有黏稠黄脓痰,约500mL/日,继则感右侧胸痛。两周前因搬重物突然咯血数百毫升,此后痰中仍带血数天,后因再度咳嗽、气急、胸痛并伴全身水肿入院。门诊时曾疑有肺部肿瘤。

入院检查,肢端发绀,颈静脉怒张,桶状胸。右侧语颤增强,叩诊浊音,呼吸音减弱,右下肺有干、湿罗音及哮鸣音。左侧叩诊过度回响。腹部有轻度移动性浊音。肝肋下2指,无压痛,脾(-)。

住院期间: 经抗菌、利尿等措施治疗,一度缓解。后咳嗽又起,并有鼻出血、吐咖啡样液,并出现心律不齐,发绀明显,神志不清,后多次吐咖啡样液,吸入造成窒息、昏迷,虽经人工辅助呼吸,未能救治,住院近2个月死亡。

讨论题

对本例诊断进行分析,并讨论其发生机制及病变间的相互关系。

四、思考题

1. 肺炎有哪几种?着重讨论大、小叶性肺炎的病理变化及其发生发展。
2. 长期慢性支气管炎可引起什么后果?能否从观察标本切片中得到提示。
3. 通过这次实习能否归纳出肺源性心脏病的常见肺部原因以及引起肺动脉高压的机制?
4. 根据病理变化能否推理弥漫性肺气肿及矽肺是如何影响患者的肺功能的?

第八章　消化系统疾病

一、目的要求

(1) 了解胃与十二指肠溃疡的病理变化、后果和并发症。
(2) 了解消化道肿瘤病理形态的共同特点和临床病理联系。
(3) 掌握各型病毒性肝炎的病理变化特点与临床病理联系。
(4) 掌握各种肝硬化的发生、发展、病变特点及其后果。
(5) 了解原发性肝癌与肝炎、肝硬化的关系及其病理形态特点。

二、实习内容

大体标本
① 胃溃疡
② 十二指肠溃疡
③ 胃癌
④ 急性重型肝炎
⑤ 亚急性重型肝炎
⑥ 结节性肝硬化
⑦ 胆汁性肝硬化
⑧ 食管静脉曲张
⑨ 淤血性脾肿大
⑩ 原发性肝癌
⑪ 慢性胆囊炎
⑫ 急性胰腺炎

组织切片
① 慢性浅表性胃炎
② 消化性胃溃疡
③ 慢性萎缩性胃炎
④ 胃腺癌
⑤ 急性普通型病毒性肝炎
⑥ 亚急性重型病毒性肝炎
⑦ 门脉性肝硬化
⑧ 急性出血坏死性胰腺炎
⑨ 食管鳞状细胞癌
⑩ 结肠息肉状腺瘤
⑪ 肝细胞性肝癌

（一）大体标本

1. 胃溃疡 gastric ulcer

标本系手术切除的胃,并已沿大弯剪开。胃小弯近幽门处黏膜面有一个圆形或椭圆形溃疡,其底较深,直径2cm左右,边缘整齐,底部平坦,有些标本的溃疡面有少量灰黄色渗出物。溃疡周围黏膜粗糙,皱襞呈放射状排列。切面见溃疡处黏膜层、肌层已破坏,为灰白色纤维组织(瘢痕)所代替,溃疡边缘之肌层向黏膜肌层靠拢,有汇合的趋势。

2. 十二指肠溃疡 duodenal ulcer

十二指肠球部(近幽门环处)有直径 0.5~1cm 大小的不规则形溃疡。有的标本见溃疡底部已穿孔,局部浆膜面与附近组织有粘连。

3. 胃癌(或食管癌、结肠癌)

carcinoma of the stomach (or the esophagus cancer, the colon cancer)

溃疡型:胃大部切除标本,幽门部胃小弯处黏膜见一个巨大溃疡(直径在 2cm 以上),溃疡边缘黏膜增生隆起,皱襞消失。切面见灰白色肿瘤组织向深部浸润,破坏胃壁。

弥漫浸润型(食管及结肠又称缩窄型):幽门区胃壁显著增厚,切面见灰白色癌组织向黏膜下层、肌层及浆膜层浸润性生长,胃壁结构已破坏,癌组织无包膜,与周围组织无明确分界,该处胃腔变窄,胃壁僵硬。

蕈伞型:胃黏膜面有一个肿块向腔内突起,肿块表面高低不平(或中央坏死脱落有溃疡形成),其基底宽,形如蕈伞。切面见灰白色之肿瘤组织向深部浸润,破坏肌层。

黏液型:胃黏膜面有一个不规则形肿块,表面蜂窝状,略呈半透明胶冻样,切面见肿瘤组织浸润胃壁各层。

4. 急性重型肝炎(急性黄色肝萎缩) fulminant hepatitis (liver in acute yellow atrophy)

肝脏体积明显缩小,重量减轻,肝包膜皱缩,切面呈黄褐色,结构模糊。

5. 亚急性重型肝炎 subacute severe hepatitis

肝体积缩小,表面略有高低不平,表面和切面均见散在分布芝麻至黄豆大小的灰黄色或黄绿色结节,结节之间肝组织结构不清,呈萎缩状(坏死塌陷之故)。

6. 结节性肝硬化 nodular cirrhosis

肝体积小、质硬,表面高低不平呈结节状,切面见弥漫分布的灰黄色结节。按结节的形态将肝硬化区分为:小结节性肝硬化(结节细小、均匀,直径在 3mm 以下),大结节性肝硬化(结节大小不一,其直径多超过 3mm,甚至达 1~2cm),混合性肝硬化(界于前二者之间)。结节之间为粗细不等的纤维间隔。

7. 胆汁性肝硬化 biliary cirrhosis

肝体积基本正常,表面呈弥漫性细颗粒状,切面可见粟米大细小结节,其大小较一致,周边围以纤维结缔组织。肝组织淤胆明显,呈绿色。

8. 食管静脉曲张 varicosis of esophagus

食管下段近胃底贲门处的黏膜下静脉明显扩张弯曲,形如蚯蚓。有的标本胃底静脉亦有曲张,有的标本黏膜表面糜烂或静脉破裂出血。

9. 淤血性脾肿大 congestive splenomegaly

脾脏体积明显增大,包膜增厚似包裹着糖衣。切面呈紫褐色,小梁明显,有散在铁锈色斑点(含铁血黄素结节)。

10. 原发性肝癌 hepatocellular carcinoma

巨块型:肝脏显著增大,切面见一巨大肿块(多数在右叶),直径大于10cm(有的标本其巨块由成堆的结节融合而成),肿块中央出血坏死,周围肝组织受压萎缩,但无明确包膜存在,巨块的周围常可见多个小癌结节(肝内转移)。多数标本中,癌灶外肝组织有肝硬化改变。

结节型:肝脏增大,表面见多个癌肿结节,结节大小不等,切面见结节呈灰白色,无包膜,癌结节之间肝组织呈肝硬化改变(试与转移性肝癌的形态做比较)。

弥漫型:肝脏体积增大,癌结节灰白色,结构松散,呈弥漫性分布,与肝硬化结节难以区分。

小肝癌:手术切除标本。癌结节小,一般为单个,直径3cm,周围可见完整或不完整的纤维包膜。癌外肝组织常见肝硬化。

在各型肝癌标本中,还常见门静脉或其肝内属支有瘤栓。

11. 慢性胆囊炎 chronic cholecystitis

胆囊壁增厚,有纤维组织增生,有的伴囊壁水肿。胆囊黏膜萎缩,皱襞平坦(正常似"天鹅绒"状)。腔内常有胆结石。

12. 急性出血坏死性胰腺炎 acute hemorrhagic necrotic pancreatitis

胰腺肿大,质软,呈暗红色,小叶结构模糊。表面及切面均可见到灰白色斑点状或小点状脂肪坏死灶。

(二) 组织切片

1. 慢性浅表性胃炎 chronic superficial gastritis(图8-1-1~2)

胃黏膜浅表上皮坏死脱落,固有层可见大量淋巴细胞、浆细胞浸润,腺体未见明显减少或萎缩。

2. 消化性胃溃疡 peptic gastric ulcer(图8-2-1~5)

肉眼见组织凹陷处为溃疡之底部,两侧垂直部分为溃疡之边缘,镜下观察溃疡底部,由浅至深可分为四层:①渗出层,由少量炎性渗出物覆盖,渗出物主要由白细胞、纤维蛋白等组成;②坏死层;③肉芽组织层,由大量毛细血管、成纤维细胞所组成,其间夹杂一些炎症细胞;④瘢痕层,大量纤维组织增生,替代了原来的肌层,且发生玻璃样变性。瘢痕层内有时见小动脉内膜变性(黏液样变)或纤维性增厚,使管腔狭窄(闭塞性动脉内膜炎)。溃疡边缘结缔组织增生,将肌层推向表面,可与黏膜肌层互相吻合。

3. 慢性萎缩性胃炎 chronic atrophic gastritis(图8-3-1~3)

胃黏膜变薄,腺体较正常短而少,有的腺腔扩张。黏膜表面被覆上皮中有较多杯状细胞(肠上皮化生),固有层内有淋巴细胞、浆细胞浸润,甚至形成淋巴滤泡。

4. 胃腺癌 adenocarcinoma of the stomach(图8-4)

胃的部分黏膜由癌组织所替代,癌细胞排列成不规则状的腺腔,癌细胞大小不一,核大,染色深,核分裂像多见,且见癌组织向黏膜下层及肌层浸润性生长。

5. 急性普通型病毒性肝炎 acute general viral hepatitis(图 8-5)

镜下见肝细胞体积普遍肿大,胞质空而透亮,有的细胞体积比正常大 3~4 倍,此细胞称为气球样细胞,肝窦受压变窄。同时见点状的肝细胞坏死灶,坏死仅累及个别肝细胞,灶内有淋巴细胞浸润。

6. 亚急性重型病毒性肝炎 subacute severe viral hepatitis(图 8-6)

肝细胞呈亚大块坏死、消失,网状支架塌陷,有多量淋巴细胞和单核细胞浸润,残留的小胆管和肝细胞明显增生,增生的肝细胞常相聚成团,形成大小不等的结节(即肝细胞结节状再生)。结节中肝细胞又有变性、坏死,伴毛细胆管扩张、淤胆,部分胆管上皮呈索状,并无管腔,为假胆管。

7. 门脉性肝硬化 portal cirrhosis(图 8-7-1~2)

低倍镜下可见肝细胞由增生的结缔组织包绕,形成大小不等的圆形或椭圆形肝细胞团,即假小叶,假小叶内中央静脉有的缺如,有的偏位,有的呈多个。高倍镜下可见假小叶内的肝细胞有的变性坏死,有的再生;纤维组织间隔可见炎细胞浸润、小胆管增生或假胆管形成。

8. 急性出血坏死性胰腺炎 acute hemorrhagic necrotizing pancreatitis(图 8-8-1~2)

胰腺组织呈大片凝固性坏死,部分腺泡已消失,有较多中性粒细胞浸润。间质内明显水肿,大量中性粒细胞及纤维蛋白渗出。小血管壁坏死,腔内常见血栓形成。脂肪组织亦有坏死。

9. 食管鳞状细胞癌 esophageal squamous cancer(图 8-9)

癌细胞排列成片状,由结缔组织分隔。癌细胞大小不一,核大而失去极性,可见核分裂像。

10. 结肠息肉状腺瘤 adenomatous polyp of the colon(图 8-10-1~3)

低倍镜下结肠黏膜增生呈息肉状,肿瘤有蒂与肠壁相连。高倍镜下可见黏膜上皮细胞呈柱状,排列整齐。肿瘤内有多量大小不等,形态多样的腺体;腺上皮细胞排列整齐,与正常结肠腺体无明显差异。

11. 肝细胞性肝癌 hepatocellular carcinoma(图 8-11)

癌细胞呈多边形,胞质丰富,着色红(若分化差可呈嗜碱性),核圆形,大小不等,染色深,核仁明显可见,有时形成瘤巨细胞,核分裂像可见。癌细胞排列成索状或片状,结构紊乱,癌细胞索之间为丰富的血窦,纤维间质少,伴有不同程度的坏死与出血。癌肿边缘的肝组织受压萎缩,伴少量纤维组织增生。肿瘤组织以外的肝组织有肝硬化改变。

组织切片课外补充

1. 胃黏液腺癌(印戒细胞癌)

mucinous adenocarcinoma of the stomach (signet-ring cell carcinoma)

癌细胞排列分散,细胞质内有大量黏液,呈空泡状,核被挤至细胞一侧,使癌细胞成为戒指状,称印戒细胞。部分区域因黏液过多而使细胞破裂,黏液溢入组织形成黏液湖,其中可见少数癌细胞。癌细胞呈浸润性生长,浸及全层。

2. **慢性活动性病毒性肝炎** chronic active viral hepatitis

肝小叶结构部分破坏。肝细胞变性、坏死明显,尤其是小叶周边,有多处点状坏死,使小叶周边界板破坏(碎屑样坏死)。汇管区及其周围(碎屑样坏死处)均有较多淋巴细胞、浆细胞浸润,汇管区小胆管和纤维组织增生,增生的纤维组织条索和炎症反应一起向肝小叶内伸展,呈星芒状,分割并破坏肝小叶结构。小叶内部分肝细胞肿胀、变性,并有小灶性坏死和炎症反应。

3. **急性重型病毒性肝炎** fulminant hepatitis

肝细胞广泛坏死,结构破坏消失,残留肝小叶的轮廓支架及少许零星的肝细胞和小胆管(汇管区附近)。坏死区内有多量淋巴细胞和单核细胞浸润,并可见吞噬细胞碎片和脂褐素的吞噬细胞。汇管区有大量淋巴细胞、单核细胞和浆细胞浸润。

4. **结节性肝硬化** nodular cirrhosis

正常肝小叶结构完全破坏,代之以大小、形态不一的肝细胞团,即假小叶,假小叶内肝细胞索与血窦失去正常放射状排列的形态,中央静脉无或偏位或有多个。部分肝细胞体积较大,核也变大而深染,并有双核。部分结节中央有淤血及肝细胞凝固性坏死。假小叶间由结缔组织和毛细血管组成宽窄不一的纤维间隔,其中还有淋巴细胞、单核细胞及新生的小胆管。有活动性肝硬化者假小叶边缘常见肝细胞坏死及炎症反应,间隔内炎症细胞亦多,并可穿破假小叶周边的界板,侵袭肝实质,间隔内还可见到被分隔的三五成群的肝细胞孤岛。

5. **胆汁性肝硬化(继发性)** biliary cirrhosis (secondary)

小叶结构依稀可辨,汇管区小胆管及纤维组织明显增生,伴炎症细胞浸润,以中性粒细胞为多,汇管区明显扩大,相互联结,包绕肝小叶。小胆管及毛细胆管内常见胆栓。小叶中央肝细胞有变性。

三、病例讨论

黄××,男,50岁。1991年感右上腹隐痛、乏力,同年住院诊断为"无黄疸型肝炎",经保肝治疗后好转,此后反复发作多次,先后6次因SGPT>400μ住院治疗。2006年6月再次住院。

入院检查: 无黄疸,肝肋下1cm,剑突下3cm,脾肋下1指,腹水征可疑,胸部有可疑蜘蛛痣。

住院期间SGPT渐正常。9月初出现咳嗽、咳痰、胸痛,一般情况差,并出现轻度黄疸,腹胀,用大量利尿药无效,10月初曾呕血2次,后血压下降,抢救无效死亡。

讨论题

1. 估计本例尸检中会有哪些发现?

2. 讨论其发生发展,用病理解剖的发现解释临床表现。
3. 分析死亡原因。

四、思考题

1. 根据胃溃疡的病理形态特点,试分析溃疡不易愈合的原因和常见的并发症有哪些?
2. 从消化道肿瘤的病理特点出发,考虑可能出现的临床表现有哪些?(包括不同巨体类型之间的差别)
3. 以急性普通型病毒性肝炎的病理变化为基础,解释临床上可能出现的症状和体征。
4. 重型病毒性肝炎的病理变化有什么特点?试讨论其临床表现的病理基础。
5. 从形态所见分析,为什么慢性活动性病毒性肝炎易发展为肝硬化?
6. 结节性肝硬化是怎样发生发展的?试从它们的病理改变来解释可能出现的严重后果。

第九章 泌尿系统疾病

一、目的要求
(1) 掌握各型肾小球肾炎的病理形态特点及其对机体的影响。
(2) 了解肾盂肾炎的病理变化特点及其对机体的影响。

二、实习内容

大体标本
① 脂性肾病
② 膜性肾小球肾炎
③ 急性肾小球肾炎
④ 慢性硬化性肾小球肾炎
⑤ 急性肾盂肾炎
⑥ 慢性肾盂肾炎
⑦ 肾结石
⑧ 前列腺结节状增生

组织切片
① 急性肾小球肾炎
② 快速进行性肾小球肾炎
③ 慢性硬化性肾小球肾炎
④ 肾透明细胞癌
⑤ 慢性肾盂肾炎

(一) 大体标本

1. 脂性肾病 lipoid nephrosis

肾体积肿大,表面和切面均呈苍白色。切面见肾皮质增厚,纹理不清,其中有散在的灰黄色小点或小条。

2. 膜性肾小球肾炎(大白肾) membranous glomerulonephritis

肾体积肿大,颜色苍白,表面见少量散在分布的红黑色小点。切面见肾皮质增厚,结构较模糊。

3. 急性肾小球肾炎(蚤咬肾) acute glomerulonephritis

肾体积肿大,表面充血,色较红,可见弥漫性分布的小红点,切面皮髓质分界尚清楚,皮质稍增厚,内有散在的小红点,髓质呈红褐色(高度淤血所致)。

4. 慢性硬化性肾小球肾炎(细颗粒肾) chronic sclerosing glomerulonephritis

肾体积明显缩小,质地坚实,表面高低不平,呈颗粒状。切面见皮质变薄,皮髓质分界不清，条纹模糊，个别小动脉口哆开，管壁增厚，肾盂周围的脂肪组织增多。

5. **急性肾盂肾炎 acute pyelonephritis**

肾脏体积增大，表面充血，可见散在的不规则的黄白色病灶（即脓肿），病灶周围充血、出血。病灶之间的肾组织尚正常，切面见皮髓质内均有小脓肿灶，周围有充血及出血。肾盂黏膜粗糙充血，有黄白色脓性渗出物覆盖。

6. **慢性肾盂肾炎 chronic pyelonephritis**

肾脏体积缩小，表面高低不平，有浅而不规则形凹陷区（瘢痕收缩所致），切面见凹陷处肾组织变薄，皮髓质分界及条纹不清，肾盂黏膜粗糙不平，黏膜增厚。

7. **肾结石（伴肾盂积水，肾皮质萎缩）**

kidney stone(with hydronephrosis amyotrophy of renal parenchyma)

肾体积变大，切面见肾盂肾盏明显扩张，形成多发性囊肿（内储尿液），肾实质明显变薄、萎缩。在肾盂出口处（或输尿管内）有结石嵌顿。

8. **前列腺结节状增生 nodular hyperplasia of the prostate**

前列腺体积增大（正常为栗子大小，重约20g），质坚实而有弹性。切面常呈多个结节，结节内为增生的腺体，可见扩张成小囊或蜂窝状结构，其间有增生的纤维与平滑肌束，交错或旋涡状排列。结节周围为受压的正常前列腺组织，形成假包膜。有的标本中因中叶肿大使尿道受压腔变窄。

（二）组织切片

1. **急性肾小球肾炎（弥漫性毛细血管内增生性肾小球肾炎）**

acute glomerulonephritis（图9-1）

病变弥漫分布以肾小球为重，大部分肾小球体积变大，肾小球内的细胞数明显增多（其中主要为血管内皮细胞和系膜细胞），部分肾小球毛细血管壁变厚，呈伊红色，结构模糊，似纤维蛋白样物质，称之为纤维蛋白样坏死，部分肾小球球囊内积有粉红色液体，部分小球囊内有少量红细胞、白细胞和纤维蛋白样物，大部分肾球囊腔变窄。肾小管上皮细胞肿胀，胞质内有细颗粒，个别肾小管上皮细胞坏死，细胞核消失，管腔内见伊红色的蛋白管型或颗粒管型。肾间质血管扩张、充血，淋巴细胞局部灶性浸润。

2. **快速进行性肾小球肾炎（新月体性肾小球肾炎）**

rapidly progressive glomerulonephritis（图9-2）

肾小球病变弥漫，其体积增大、充血，肾球囊壁层上皮细胞高度增生，有的形成典型的"新月小体"，部分呈环状小体，其中多数为细胞组成的细胞型，少数为细胞纤维型和纤维型。部分肾小球毛细血管襻与增生的"新月小体"互相粘连，毛细血管襻管壁增厚，有的受压萎缩伴灶性纤维蛋白样坏死，形成一片嗜伊红无定形的物质。少数肾小球已毁坏，呈一团伊红色玻璃样变的结缔组织，肾曲管上皮细胞肿胀，颗粒变性，管腔内充满伊红色透明管型或颗粒管型。肾间质血管扩张、淤血及灶性炎症细胞浸润。

第九章 泌尿系统疾病

3. 慢性硬化性肾小球肾炎 chronic sclerosing glomerulonephritis(图 9-3-1~2)

大部分肾小球毛细血管襻发生不同程度的玻璃样变性,体积缩小,严重者整个肾小球成为一团嗜伊红色、无结构的毛玻璃样物质称为"玻璃球"。周围相应的肾小管也萎缩消失,被纤维组织代替,因纤维组织的收缩致使局部肾组织下陷(相当巨体标本上的凹陷处)和玻璃球相对集中、靠拢,其中尚有灶性的淋巴细胞浸润。结构尚保存的肾小球体积肥大,相应的肾小管管腔扩张(相当于巨体标本上向外突出的颗粒),部分肾小管管腔内可有蛋白管型或颗粒管型,间质内小动脉管壁增厚,管腔变小,内膜纤维化。

4. 肾透明细胞癌 renal clear cell carcinoma(图 9-4-1~2)

癌细胞体积较大,胞浆淡染透明,细胞核小,深染。

5. 慢性肾盂肾炎 chronic pyelonephritis(图 9-5-1~3)

肾组织内的炎症病变分布不均,病变区肾小球纤维化或玻璃样变性,肾上管萎缩消失,纤维组织增生伴灶性炎症细胞浸润。部分肾小球囊壁增厚、纤维化,而毛细血管襻相对正常,残余肾小管多数发生扩张,上皮扁平,管腔内充满伊红色、均匀的蛋白管型(状似甲状腺滤泡结构)。间质内纤维组织增生并有淋巴细胞、浆细胞浸润。少数残余完好的肾单位呈代偿性肥大。细、小动脉管壁轻度纤维化。

组织切片课外补充

1. 膜性肾小球肾炎 membranous glomerulonephritis

大部分肾小球外形及结构完整,但肾小球毛细血管壁增厚,呈均匀一致的伊红色,血管腔开放,部分小球毛细血管襻内的系膜细胞轻至中度增生。部分肾小球呈不同程度的纤维化或玻璃样变,散在分布。肾小球周围受损的肾小管被增生的纤维组织代替。肾间质内血管明显扩张、淤血,伴灶性淋巴细胞浸润。近曲小管上皮细胞轻度红肿,少数髓襻和远曲小管内可见均质伊红色的蛋白管型。

2. 急性肾盂肾炎 acute pyelonephritis

肾组织中可见成片分布的炎症病灶,肾小球和肾小管已坏死,其中有大量中性粒细胞及坏死组织碎片。部分病灶与周围组织分界清晰,形成脓肿灶。部分肾小管管腔内积有大量炎症细胞和坏死组织的碎片,少数肾小管内可见蛋白管型。肾间质内纤维组织增多,血管扩张、充血,并见大量中性粒细胞浸润。

三、病例讨论

周××,女,34 岁。8 年前发现尿液异常,据称为"腰子病"。2 年后妊娠,怀孕 6 个月时因高血压、蛋白尿而终止妊娠。此后曾因心脏病住院治疗。1 年前因发热、咳嗽、气急、尿量减少入院,经内科治疗后病情稍稳定。住院期间曾多次做血液透析,近 1 个月来气急、咳嗽又剧,不能平卧。体检见颈静脉充盈,心率 88~100 次/分,两肺散在湿罗音。肝肋下 3 指,质中。1 周来有癫痫样抽搐 2 次,血压 30.7/17.3kPa,最后又发生抽搐、心律不齐、室颤,抢救无效死亡。

讨论题

估计本例可能的病理诊断,并做鉴别诊断。

四、思考题

1. 肾病综合征主要由哪几个类型的肾炎所引起?它们的病理基础有何异同?
2. 肾病综合征的主要病理基础有哪些?
3. 快速进行性肾小球肾炎在临床与病理上有什么特点?
4. 慢性硬化性肾小球肾炎的主要病变有哪些?试用病理知识来解释肾炎病人临床出现的高血压、氮质血症和代谢性酸中毒等症状。
5. 急、慢性肾盂肾炎的病因、病理变化和临床病理联系有什么不同?
6. 造成慢性肾衰竭的常见疾病有哪些?其病理基础有什么共同点?

第十章 淋巴造血系统疾病

一、目的要求
了解白血病和淋巴瘤的病理分类及霍奇金病的病变特点。

二、实习内容

大体标本
① 恶性淋巴瘤
② 白血病脾
③ 白血病肝

组织切片
① 恶性淋巴瘤
② 霍奇金淋巴瘤

（一）大体标本

1. 恶性淋巴瘤 malignant lymphoma

淋巴结成串肿大，切面灰白色，质均匀如鱼肉状，部分瘤组织向周围脂肪组织浸润，致使肿瘤边界不清。

2. 白血病脾 spleen in leukemia

脾脏极度肿大，切面紫蓝色，包膜外翻，白髓不能辨认（说明什么）。

3. 白血病肝 liver in leukemia

肝脏体积肿大，切面灰白色，包膜外翻。

（二）组织切片

1. 恶性淋巴瘤（非霍奇金淋巴瘤）

malignant lymphoma(non-Hodgkin's)（图 10-1-1～2）

淋巴结结构完全破坏，代之以瘤组织。瘤细胞形态较一致，为圆形或卵圆形，核亦为圆形，染色质较稀疏，有点块状集结，可见核分裂像。核仁清楚，嗜碱性。肿瘤组织边缘夹有少数成熟淋巴细胞、嗜酸性粒细胞及浆细胞。

2. 霍奇金淋巴瘤（混合细胞型）

Hodgkin's disease (mixed cellularity)（图 10-2-1～2）

淋巴结结构大部分被破坏。肿瘤细胞成分形态多样，可见分化程度不同的网状细胞、组织细胞,并有较多淋巴细胞。尤其能见到特征性的 R-S 细胞,该细胞体积大,胞质丰富,核大,圆形或卵圆形,核内有巨大的球形、染色较红的核仁。双核或多核的 R-S 细胞易见,有的为对称性的镜影细胞。此外尚有多种炎症细胞(包括嗜酸性粒细胞)。间质内毛细血管弥漫而无定向分布,内皮细胞肿胀,有少量胶原纤维夹于瘤细胞之间。

组织切片课外补充

1. 白血病肝 liver in leukemia

肝小叶结构完好。肝窦及汇管区内有较多幼稚白细胞(粒细胞系)呈灶性不规则分布。瘤细胞体积较大,胞质较丰富,核圆而大,染色淡,核膜清晰,可见核仁,瘤细胞(白血病细胞)浸润密集处肝细胞索有破坏。

2. 恶性组织细胞增生症 malignant histocytosis

淋巴结组织中散在分布高度异形的细胞,大小不一,其胞质丰富,嗜伊红,核呈圆形或肾形,深染,分裂像多见,可见多核巨细胞,此外可见吞噬现象(指吞噬细胞碎屑、淋巴细胞、红细胞等)。

第十一章 生殖系统疾病

一、目的要求

掌握女性生殖系统常见肿瘤（子宫颈癌、乳腺癌、滋养细胞肿瘤）的病理变化及其发展规律。

二、实习内容

大体标本
① 乳房纤维腺瘤
② 乳腺癌
③ 子宫颈癌
④ 水泡状胎块
⑤ 恶性葡萄胎
⑥ 子宫绒毛膜上皮癌

组织切片
① 子宫颈鳞状细胞癌
② 水泡状胎块
③ 前列腺结节状增生
④ 子宫平滑肌瘤
⑤ 子宫颈原位癌
⑥ 子宫内膜增生症
⑦ 子宫绒毛膜上皮癌
⑧ 乳腺癌

（一）大体标本

1. 乳房纤维腺瘤 fibroadenoma of the breast

肿瘤呈球形，边界清楚，有包膜，切面色白，组织结构致密，隐约可见小叶结构及交叉分布的纤维条索。

2. 乳腺癌 breast cancer

肿瘤切面灰白色，组织结构密实，其内可见黄色点状坏死灶。肿瘤边界不清，呈蟹足状向周围组织浸润。临床记载肿瘤生长迅速。

3. 子宫颈癌 carcinoma of cervix

在子宫颈近外口处可见菜花样突起，灰褐色、质脆，表面可见出血、坏死和溃疡。肿瘤浸润范围各个标本不一，有的累及子宫颈管和阴道壁。

4. 水泡状胎块 hydatidiform mole

子宫腔扩大，内充满大量大小不等之透明水泡，形如成串的葡萄。

5. 恶性葡萄胎 malignant mole

子宫腔内有大量水泡状胎块,有的水泡浸润至子宫肌壁内,甚至达浆膜下。

6. 子宫绒毛膜上皮癌 choriocarcinoma of the uterus

子宫增大,宫腔壁有坏死出血之肿块,一般体积较小,其中有灰白色之瘤组织。

（二）组织切片

1. 子宫颈鳞状细胞癌 squamous cell carcinoma of cervix（图 11-1）

该组织切片显示的宫颈鳞状细胞癌为中分化,癌细胞呈巢状排列,细胞极性紊乱,核深染,细胞大小不一,可见核分裂像,未见角化珠的形成。

2. 水泡状胎块 hydatidiform mole（图 11-2）

镜下见绒毛肿胀,间质水肿,部分因明显水肿将间质推至周边,中央形成囊腔。间质内血管少或无。绒毛表面的滋养叶细胞常局部增生成堆。

3. 前列腺结节状增生 nodular hyperplasia of the prostate（图 11-3）

前列腺腺体明显增生,排列紧密,腺上皮常呈乳头状突起,腔内有结石,部分腺腔扩张呈囊状。腺体间纤维平滑肌组织也明显增生成束。

4. 子宫平滑肌瘤 leiomyoma of uterus（图 11-4）

瘤细胞排列成旋涡状或编织状,瘤细胞呈梭形。

5. 子宫颈原位癌 carcinoma in situ of cervix（图 11-5-1～2）

子宫颈复层鳞状上皮细胞呈局限性增生,增生之瘤细胞体积大,形态各异,失极性,细胞核大,染色深,可见核分裂像。其下基底膜完整,腺体及间质均完好。

6. 子宫内膜增生症 endometrial hyperplasia（图 11-6-1～2）

低倍镜下即可见子宫内膜腺体明显增生,腺体大小不一,有的可出现囊性扩张;间质可见螺旋动脉样的小血管。高倍镜下可见腺上皮为规则的假复层或中等复层排列的高立方或柱状细胞。

7. 子宫绒毛膜上皮癌 choriocarcinoma of the uterus（图 11-7-1～2）

子宫肌层内有成团的肿瘤细胞浸润,肿瘤由滋养叶细胞组成,瘤细胞异型性强,核深染,有核分裂像。瘤细胞间无血管和间质。肿瘤团块内及周围常伴坏死和出血。

8. 乳腺癌（见第五章图 5-12）

三、思考题

1. 检查乳房肿块时应注意哪几点？如何区别其良恶性？
2. 结合乳腺癌和子宫颈癌的标本、切片,试述它们的浸润和转移规律。
3. 试述绒毛滋养细胞肿瘤的形态特点、临床表现及其转移规律。

第十二章 内分泌系统疾病

一、目的要求

（1）了解地方性甲状腺肿和甲状腺功能亢进的发病机制和病理形态特点。
（2）了解甲状腺肿瘤的病理形态特点。

二、实习内容

大体标本
① 弥漫性胶性甲状腺肿
② 结节性胶性甲状腺肿
③ 甲状腺功能亢进
④ 甲状腺腺瘤
⑤ 甲状腺腺癌

组织切片
① 单纯性甲状腺肿
② 毒性甲状腺肿
③ 甲状腺腺瘤
④ 甲状腺乳头状腺癌
⑤ 肾上腺皮质腺瘤

（一）大体标本

1. 弥漫性胶性甲状腺肿 diffuse colloid goiter

甲状腺呈弥漫性肿大，质地较坚实，切面紫红色，部分略呈分叶状，部分滤泡扩张，充满棕红色、半透明胶性物质。

2. 结节性胶性甲状腺肿 nodular colloid goiter

甲状腺体积增大，质地较坚实，切面紫红色，间质结缔组织增加，将腺体分隔成大小不等的结节，结节无明显包膜，结节内滤泡大小不一。部分滤泡扩大，壁薄，充满棕红色半透明胶性物质。

3. 甲状腺功能亢进 hyperthyroidism

甲状腺较正常为大，切面呈紫红色（或灰黄色），结构致密，略呈分叶状，类似胰腺或肌肉（因滤泡内所含胶质甚少），部分标本于手术前经碘剂治疗，则滤泡所含胶质较多，切面棕黄色、半透明。

4. 甲状腺腺瘤 adenoma of the thyroid

标本为甲状腺一叶，呈棕褐色，切面结构疏松，富含半透明的胶性物质。其中有一圆形实性肿块,肿瘤略呈灰白色,边界清楚,有完整的包膜。

5. 甲状腺腺癌 adenocarcinoma of the thyroid

正常甲状腺组织内可见略呈圆形的灰白色肿块,边界不清,无包膜。

(二) 组织切片

1. 单纯性甲状腺肿 simple goiter(图 12-1)

单纯性甲状腺肿病变可分三期:增生期、胶质贮积期和结节期。本实验部分标本可见甲状腺滤泡扩大,并大小不一,滤泡内充满胶质,滤泡上皮受压变扁。部分标本尚可见间质纤维组织增生,间隔包绕形成大小不一的结节状病灶。

2. 毒性甲状腺肿 toxic goiter(图 12-2)

甲状腺滤泡呈弥漫性增生,滤泡上皮呈高柱状,胞核大小尚一致,偶见核分裂像,部分滤泡上皮细胞向腔内呈乳头状突起,腔内胶质稀薄,边缘常有大小不等之吸收空泡。部分滤泡腔甚小,上皮细胞呈立方形,无乳头,胶性物质甚少。间质血管丰富、充血,可见淋巴细胞浸润,甚至形成淋巴滤泡。

3. 甲状腺腺瘤 adenoma of the thyroid(图 12-3-1~2)

细胞呈立方形,核多数较大,而均匀一致,形成完好的滤泡结构,滤泡大小不一,部分滤泡腔空虚,部分充以淡伊红色胶质。部分区域间质有出血。肿瘤外围有完整而厚的纤维包膜,附近可见正常的甲状腺滤泡结构。

4. 甲状腺乳头状腺癌 papillary adenocarcinoma of the thyroid(图 12-4)

癌细胞呈高柱状,核多较大,并大小不一,偶见核分裂像,癌细胞排列成乳头状,乳头中央围有纤维结缔组织及毛细血管,肿瘤组织和正常甲状腺组织间有不完整的纤维包膜存在。

5. 肾上腺皮质腺瘤 adrenal cortical adenoma(图 12-5)

瘤细胞呈圆形、多角形,胞浆透亮,包膜完整。

三、思考题

1. 单纯性甲状腺肿与甲亢在发病机制、病理变化和预后上有哪些不同?
2. 甲状腺肿瘤的良恶性如何区别?

第十三章 神经系统疾病

一、目的要求
（1）掌握中枢神经系统传染病的病理形态特点、临床病理联系及并发症。
（2）了解神经组织常见肿瘤的形态特点。

二、实习内容

大体标本
① 流行性脑脊髓膜炎
② 乙型脑炎
③ 神经鞘瘤
④ 大脑星形胶质细胞瘤
⑤ 脑膜瘤

组织切片
① 流行性脑脊髓膜炎
② 乙型脑炎
③ 神经鞘瘤
④ 大脑星形胶质细胞瘤

（一）大体标本

1. 流行性脑脊髓膜炎（化脓性脑膜炎）
epidemic cerebrospinal meningitis(purulent meningitis)
大脑标本可见脑膜血管高度扩张、充血，其表面覆有一层灰黄色脓性渗出物。以脑底、大脑顶与两侧面最为明显。此外可见脑回变宽，脑沟变浅。

2. 乙型脑炎 encephalitis type B
脑的冠状切面，见脑灰质（或基底核）及脑灰、白质交界处有许多白色略透明之点状软化灶，脑膜血管扩张充血。

3. 神经鞘瘤（许旺细胞瘤）neurilemmoma（schwannoma）
肿瘤有包膜，切面白色，质均匀，半透明（黏液样变性之故）。

4. 大脑星形胶质细胞瘤 astrocytoma of the brain
一侧大脑半球肿大，部分脑组织为肿瘤组织替代。肿瘤边界不清，切面灰白色，质均匀，其中可见坏死及小囊肿形成。周围脑组织受压萎缩。

5. 脑膜瘤 meningioma
肿瘤起源于脑膜，边界清楚，呈球形，切面灰白色，附近脑组织受压迫。

（二）组织切片

1. 流行性脑脊髓膜炎 epidemic cerebrospinal meningitis（图 13-1-1～3）

蛛网膜下腔高度扩张，充满炎性渗出物，其中以中性粒细胞为主，尚有纤维蛋白及少量淋巴细胞、单核细胞，软脑膜血管高度扩张、充血。

2. 乙型脑炎 encephalitis type B（图 13-2-1～2）

脑灰质及与白质交界处有多个筛状软化灶，其中神经组织溶解消失，有的软化灶中可见扩张的小血管及一些核碎片。该血管周围空隙（Virchow-Robin 间隙）扩大，有的血管周围有淋巴细胞和单核细胞围绕（称血管淋巴套），此外神经胶质细胞轻度弥漫性增生，有的增生成堆，形成胶质结节。本实验的组织切片主要具备两个特征：筛状软化灶和血管淋巴套现象。

3. 神经鞘瘤 neurilemmoma（图 13-3）

瘤细胞密集，细胞细长，呈梭形，界线不清；细胞核细长，部分瘤细胞平行排列呈栅栏状。

4. 大脑星形胶质细胞瘤 astrocytoma of the brain（图 13-4）

瘤细胞形态多样，细胞核多形性，大小不一，核大深染，异型明显，并可见病理性核分裂像。

组织切片课外补充

脊髓灰质炎 poliomyelitis

脊髓前角神经细胞变性坏死，细胞结构模糊，胞质内尼氏小体消失，核浓缩、溶解或消失，并可见小胶质细胞及中性粒细胞侵入神经细胞内（神经细胞被噬现象）。胶质细胞增生，少量炎症细胞浸润。软脊膜及脊髓实质内血管扩张充血，血管周围有淋巴细胞、单核细胞浸润。

三、思考题

1. 引起颅内压升高的常见原因是什么？其严重后果是什么？
2. 试比较结脑、流脑、乙脑、脊灰炎的病因、病变部位、主要的病理变化、临床表现及可能出现的后遗症。

第十四章 传染病

一、目的要求

(1) 掌握原发性肺结核与继发性肺结核的发生、病变特点与转归。

(2) 通过对原发性肺结核和继发性肺结核的病变比较,进一步了解结核病发生机制中感染、免疫和变态反应三者之间的关系。

(3) 了解肺外结核的病变特点与临床病理联系。

(4) 了解麻风的主要病理变化及其类型。

(5) 掌握几种常见急性传染病的病理形态特点及其临床病理联系。

二、实习内容

大体标本
① 肺结核原发综合病灶
② 急性粟粒性肺结核
③ 干酪样肺炎
④ 局灶性肺结核
⑤ 浸润性肺结核
⑥ 肺结核球
⑦ 慢性纤维空洞性肺结核
⑧ 支气管内膜结核
⑨ 淋巴结结核
⑩ 肠结核
⑪ 肾结核
⑫ 脊柱结核
⑬ 结核性脑膜炎
⑭ 麻风手
⑮ 麻风神经
⑯ 肠伤寒(髓样肿胀期)
⑰ 肠伤寒(溃疡期)
⑱ 细菌性痢疾
⑲ 梅毒性主动脉炎
⑳ 流行性出血热

组织切片
① 局灶性肺结核
② 肾结核
③ 肠伤寒
④ 尖锐湿疣
⑤ 细菌性痢疾

(一) 大体标本

1. 肺结核原发综合病灶 primary complex of pulmonary tuberculosis

肺组织上叶下部(或下叶上部)近胸膜处见一圆形直径小于1cm的干酪样坏死病灶,其色灰黄、质致密、干燥(若病灶陈旧,边缘可有纤维包膜),相应的支气管周围淋巴结明显肿大,呈干酪样坏死改变(结核性淋巴管炎在标本中往往不易查见)。

2. 急性粟粒性肺结核 acute miliary tuberculosis

两肺脏层胸膜下及切面均见粟粒样、灰白略带黄色的小结节,分布弥漫均匀,大小一致,形态相似(若是原发性肺结核的播散,还可见肺门淋巴结肿大,呈干酪样坏死)。

3. 干酪样肺炎 caseous pneumonia

肺切面散在分布大小不等、灰黄色的不规则形干酪样坏死病灶,其结构松散,部分区域已彼此融合成片,部分病灶中央液化,形成边缘不齐、形态不一的空洞(急性空洞)。

4. 局灶性肺结核 focal pulmonary tuberculosis

肺尖部胸膜下见一绿豆或黄豆大小圆形病灶,干燥,呈灰黄色(如已钙化则呈灰白色,形似石灰),周边有明显纤维包膜形成。

5. 浸润性肺结核 infiltrative pulmonary tuberculosis

肺上叶的上方(相当于锁骨下的区域),见一个黄白色干酪样病灶,周围边界模糊,无明显纤维包膜。

6. 肺结核球 tuberculoma

球形干酪样病灶,直径大于2cm,有(或无)明显包膜,病灶呈分层结构,形似洋葱皮样,层层包绕(试讨论这种分层结构是如何产生的)。

7. 慢性纤维空洞性肺结核 chronic fibrocavitary tuberculosis of the lung

肺上叶见一陈旧性的厚壁空洞,其内壁附有干酪样坏死物,其外有较厚的纤维组织增生,附近组织纤维化,胸膜纤维性增厚。其余肺组织,尤其是肺下叶,见到大小不一、新老不等的多个纤维干酪样病灶。(试考虑这些病灶和空洞的关系)

8. 支气管内膜结核 endobronchial tuberculosis

肺切面见局部支气管内膜及壁增厚,呈黄白色,管腔或弯曲或扩张,黏膜面粗糙,可见干酪样坏死。周围肺组织萎陷,质地致密。

9. 淋巴结结核 tuberculous lymphadenitis

一组肿大淋巴结,彼此粘连或融合,切面见正常淋巴结组织结构破坏,为弥漫的干酪样坏死物质所替代。

10. 肠结核 intestinal tuberculosis

增殖型:回肠一段,肠壁因结缔组织增生而明显增厚,黏膜粗糙不平,有许多细小的息肉向肠腔内突起(严重时可使肠腔狭窄)。

溃疡型:回肠一段,黏膜面见多个溃疡,呈椭圆形或腰带形,其长轴与肠的长轴垂直。溃疡边缘不整齐如鼠咬状,溃疡底部可深达肌层或浆膜层,其相对的浆膜面有纤维蛋白渗出和粟粒结节形成。

11. 肾结核 tuberculosis of kidney

肾脏体积肿大,切面皮髓质交界不清,肾实质内有干酪样坏死灶,部分坏死物质液化破溃入肾盏、肾盂,形成多个空洞。

第十四章　传染病

12. 脊柱结核 tuberculosis of spine

脊柱纵切面，见脊柱向后突起，该处椎体和棘突破坏，有干酪样坏死灶，椎体与椎体间的椎间盘也同时受累破坏（由于受自体重力的影响，受累的脊柱发生后突，造成驼背畸形）。

13. 结核性脑膜炎 tuberculous meningitis

见脑底部（包括视神经交叉、大脑脚、脚间池、脑桥及延髓）表面之软脑膜，呈灰白色混浊似毛玻璃样，且略有增厚，有时在侧沟两旁能隐约看到散在针尖大的灰黄色颗粒。其余软脑膜略有充血，脑回变平。

14. 麻风手（或足、面）leprosy hand (or foot, face)

手：手的部分指节已脱落，残留的手指屈曲如鹰爪，肌肉萎缩，皮肤干燥，有色素沉着。掌背及腕部有溃疡形成，表面有黄白色脓性渗出物。

足：部分足趾已脱落，皮肤干燥，色深。足底（或未脱落之足趾）有溃疡形成。

面：面部皮肤色较深，有多个高低不平的结节隆起，鼻梁塌陷，眉毛及头发脱落，状如狮面。

15. 麻风神经（尺、桡或胫、腓神经）neural leprosy

整条神经粗大，部分区域更为显著，呈纺锤状。神经外膜明显纤维化而增厚。

16. 肠伤寒（髓样肿胀期）typhoid fever of intestine (medullary swelling)

回肠一段，黏膜面见肿大之集合淋巴小结及孤立淋巴滤泡，形成椭圆形或圆形隆起，其长轴与肠之长轴平行。肿胀的集合淋巴小结，表面凹凸不平，外形如脑回，孤立淋巴滤泡呈较小的圆形隆起（结合切片考虑黏膜为什么会隆起）。

17. 肠伤寒（溃疡期）typhoid fever of intestine (ulcerative stage)

回肠一段，髓样肿胀的集合淋巴小结和孤立淋巴滤泡发生坏死、脱落，形成椭圆形或圆形溃疡，底部粗糙。集合淋巴小结坏死后所形成的溃疡长轴与肠道长轴相平行。（结合标本考虑临床上此期可能发生哪些并发症）

18. 细菌性痢疾 bacillary dysentery

结肠黏膜表面覆有一层灰黄色糠屑样膜状物（即假膜），几乎累及整个黏膜面。部分假膜脱落形成浅表溃疡，形态不规则，其底和边缘较平整，整个肠壁充血肿胀。

19. 梅毒性主动脉炎 syphilitic aortitis

升主动脉内膜粗糙不平，呈树皮样，其皱纹粗细、长短及疏密不一。主动脉瓣瓣叶间略有分离且增厚。主动脉内膜同时伴有粥样硬化病变，包括脂质条纹、斑块、溃疡及钙化，病变以主动脉下段为重。此外，左心室明显肥厚扩张，部分标本主动脉起始部上方可见主动脉壁向外膨出，形成动脉瘤，内可有附壁血栓形成。

20. 流行性出血热 epidemic hemorrhagic fever

肾脏肿胀，切面见皮质增厚，皮髓交界处明显充血，而皮质及锥体均相对苍白，肾盂黏膜有片状出血。

(二) 组织切片

1. 局灶性肺结核 focal pulmonary tuberculosis(图 14-1)

肺组织中可见一椭圆形、与周围组织境界较清的结节状病灶,病灶中可见明显的干酪样坏死,坏死中央可见紫蓝色块状钙化灶。

2. 肾结核 tuberculosis of kidney(图 14-2-1~2)

肾组织结构部分被破坏,可见结核结节,结节的主要成分为上皮样细胞、朗罕斯巨细胞和炎细胞。

3. 肠伤寒 typhoid fever of intestine(图 14-3-1~2)

切片取自回肠末端肿胀的淋巴滤泡处。低倍镜下可见黏膜及黏膜下层有一境界较清的结节,高倍镜下可见结节内有大量巨噬细胞增生,此种细胞体积大,胞质丰富,核圆形或肾形,其中有吞噬红细胞或其他细胞碎片的"伤寒细胞"。低倍镜下亦可见部分黏膜坏死脱落形成溃疡。肠壁各层均有充血、水肿,少量淋巴细胞和巨噬细胞浸润。

4. 尖锐湿疣 condyloma acuminatum(图 14-4-1~2)

该切片在低倍镜下可见鳞状上皮呈乳头状增生,上皮角化不全;表皮下血管扩张充血,炎细胞浸润。高倍镜下,可见棘层增生肥厚,有明显的挖空细胞。

5. 细菌性痢疾 bacillary dysentery(见第四章图 4-4)

组织切片课外补充

1. 慢性肺结核空洞 chronic cavitary tuberculosis

空洞壁由内向外有三层结构:①干酪样坏死层,为伊红色无结构物质,内有少量细胞核碎屑;②结核性肉芽组织层,由毛细血管、成纤维细胞、类上皮细胞及各种炎症细胞组成,偶见不典型的朗罕斯巨细胞;③瘢痕层,为增生的纤维结缔组织。附近的肺组织有气肿、萎陷及慢性炎细胞浸润。

2. 皮肤瘤型麻风 lepromatous leprosy of the skin

表皮萎缩、变薄,真皮乳头变平,与表皮之间有一薄层无细胞浸润区,称自由带。真皮及皮下组织纤维化并有较多细胞浸润,其中以单核细胞和淋巴细胞为主,许多单核细胞胞质呈泡沫状,有的聚集成团,此种细胞称泡沫细胞亦称麻风细胞(抗酸染色时,可见有抗酸杆菌),真皮内汗腺及毛囊萎缩,偶见少量残存汗腺。

3. 结核样型麻风 tuberculoid leprosy

真皮内有多个结节状病灶,其中央常见1~2个朗罕斯巨细胞,周围有淋巴细胞包绕,与结核结节相似,但无干酪样坏死。有的病灶直接与表皮基底层接触,不存在自由带。病灶大多在皮肤附件及末梢神经周围,使附件受累萎缩。

4. 梅毒性主动脉炎 syphilitic aortitis

主动脉外膜显著增厚,滋养血管壁增厚,管腔狭窄,管周有成堆之浆细胞和淋巴细胞浸润。中膜及外膜中毛细血管增多、充血(弹力纤维染色可显示中膜层弹力纤维部分消失断裂,被胶原纤维所代替),内膜有不规则性纤维增厚,并伴脂质沉积及玻璃样变性。

三、病例讨论

张××,女,52岁。因发热四周,在外院疑为伤寒,用抗生素治疗,体温不降。且感软弱无力,卧床不起。近一周有咳嗽、咳痰,2天来呼吸困难。起病第一周和第三周有黑粪数次及左上腹痛。入院前一天发生休克。以往曾有高血压及脑出血史。

入院检查:呼吸35次/分,脉搏140次/分,血压14.7/9.3kPa,神清,不语,唇、指青紫,皮肤无出血点、无黄染。心音弱,律齐,上肺呼吸音粗,右肺及左下叶肺有湿罗音。腹软,肝上界第5肋间,肋下3指,剑下4指,质中,有叩痛。右上、下肢弛缓性瘫痪。

白细胞9300/mm^3,中性84%,红细胞390万/mm^3,血红蛋白12.4g。

讨论题

对本例做出全面分析和诊断以及鉴别诊断。

四、思考题

1. 原发性肺结核与继发性肺结核的病变和转归有何不同?为什么?
2. 就所学过的病理知识考虑,局部淋巴结肿大可见哪些疾病?形态上有何区别?
3. 结核性脑膜炎可出现哪些症状?为什么?
4. 肠结核的病理形态有何特点?为什么?
5. 通过标本和切片的观察试解释麻风患者为何会造成肢端毁损、毛发脱落等现象?
6. 伤寒的肠道病变主要发生在肠道的哪一段?临床上常见的并发症是什么?

第十五章 寄生虫病

一、目的要求

(1) 掌握血吸虫病的主要病理变化及其并发症。
(2) 了解阿米巴病的主要形态特点。

二、实习内容

大体标本
① 结肠阿米巴病
② 阿米巴性"肝脓肿"
③ 结肠血吸虫病
④ 晚期结肠血吸虫病
⑤ 结肠血吸虫病伴癌变
⑥ 血吸虫性肝纤维化
⑦ 淤血性脾肿大
⑧ 食管下端静脉曲张
⑨ 肝包虫病
⑩ 实验性急性血吸虫病

组织切片
阿米巴痢疾

(一) 大体标本

1. 结肠阿米巴病 amebic colitis

结肠一段,黏膜面可见多个散在的圆形或椭圆形溃疡,溃疡表面有灰黄色坏死物,其周围黏膜充血。切面见溃疡口窄底宽,呈潜行性,底及边缘不整齐并附有絮状坏死物质(这种形态是如何形成的)。溃疡之间的黏膜仍属正常。

2. 阿米巴性"肝脓肿" amebic liver abscess

肝切面,见右叶有一大"脓肿",其中可见巧克力样坏死组织(它是怎样形成的),边缘部见黄白色絮状坏死物,"脓肿"无明显纤维包膜。周围肝组织受压、淤血,有的标本中可见肝包膜已穿破。

第十五章 寄生虫病

3. 结肠血吸虫病（急性）schistosomiasis of the colon

结肠黏膜面有散在的不规则小溃疡。溃疡边缘不整齐，底部带黄色，部分黏膜表面呈细颗粒状隆起，灰褐色，状似砂粒。部分黏膜增生如旧绒布样。

4. 晚期结肠血吸虫病 advanced schistosomiasis of the colon

结肠壁增厚，黏膜萎缩变平，可见斑状分布的浅灰色区域（为大量钙化虫卵沉积所致）。

5. 结肠血吸虫病伴癌变 colon schistosomiasis complicated with carcinoma

乙状结肠及直肠标本，肠壁明显增厚，部分黏膜萎缩变平，部分表面鼓起，多数棕褐色细颗粒，部分区域黏膜面见散在溃疡，并有息肉状增生物。在直肠乙状结肠交界处有一菜花状肿块，表面有出血坏死，切面癌组织呈灰白色，并向肌层及浆膜层浸润。

6. 血吸虫性肝纤维化 schistosomal hepatic fibrosis

肝脏表面被纵横浅沟分割成块（地图状分叶肝）。切面见较大的门静脉周围明显纤维化，汇管区增宽，有的标本门静脉腔内可见血栓形成。

7. 淤血性脾肿大 congestive splenomegaly

脾脏极度肿大，包膜较厚粗糙，切面呈暗红色，小梁组织增生，并有散在黄褐色含铁血黄素结节。

8. 食管下端静脉曲张 varicosis of the lower portion of esophageal veins

食管下端静脉及胃底静脉高度弯曲，状如"蚯蚓"，部分区域食管黏膜粗糙、糜烂。有的标本中可见曲张的静脉有破裂口。

9. 肝包虫病 hydatid disease of the liver

标本为肝脏内取出之白色粉皮样囊壁组织及大小不等的半透明囊。

10. 实验性急性血吸虫病（肠、肝）experimental acute schistosomiasis

家兔，感染尾蚴40天后取出肠、肝。

结肠：黏膜肿厚，表面可见黄色小颗粒，微微隆起。

肝：表面及切面均见大量灰白色粟粒状小结节，散在分布。小叶结构模糊。汇管区因纤维化而增宽。

（二）组织切片

阿米巴痢疾 amebic colitis（图15-1-1~2）

结肠黏膜坏死脱落，在坏死的黏膜组织中可找到阿米巴滋养体（滋养体呈圆形，比单核细胞稍大，胞质略呈紫蓝色，有时呈空泡状，胞核小）。黏膜层中有大量浆细胞、淋巴细胞及少量中性粒细胞浸润。黏膜下层显著充血、水肿，有淋巴细胞和浆细胞浸润。

组织切片课外补充

1. 结肠血吸虫病 schistosomiasis of the colon

结肠组织中部分黏膜脱落形成溃疡，黏膜下层有大量虫卵沉积，有的虫卵内见紫蓝色小圆点为毛蚴的卵黄颗粒,此为成熟虫卵,其卵壳表面大多覆有一层放射状伊红色物质,周围有多量嗜酸性粒细胞浸润,并有坏死,形成嗜酸性脓肿。少数虫卵周围有多核巨细胞、类上皮细胞和淋巴细胞浸润,形成假结核结节,有的已开始纤维化。其余部位肠黏膜下层血管弥漫性充血、水肿,并有散在嗜酸性粒细胞浸润。

2. 肝急性血吸虫病(兔) acute schistosomiasis of the liver

肝小叶结构保存,大多数汇管区内见到急性虫卵结节,其中央有的可见成熟虫卵,附近有多核巨细胞,并形成嗜酸性脓肿,部分则为假结核结节,其外周围以纤维组织,小叶周边肝血窦扩张,肝细胞肿胀,部分呈水样变性。

3. 血吸虫性肝纤维化 schistosomal hepatic fibrosis

肝小叶结构完好,门脉区血吸虫卵沉积成堆,大多已钙化,并有纤维组织及小胆管增生,淋巴细胞和嗜酸性粒细胞浸润。少数虫卵周围有多核巨细胞、类上皮细胞和淋巴细胞围绕,形成假结核结节,并有少量嗜酸性粒细胞浸润。

三、思考题

1. 试述下列几种肠道病变在发病机制、病变部位、溃疡形态、大便检查和并发症等方面,有何不同?(1)伤寒;(2)菌痢;(3)结肠阿米巴病;(4)结肠血吸虫病;(5)肠结核。
2. 阿米巴"肝脓肿"是如何形成的?与一般细菌性肝脓肿如何区别?
3. 根据切片观察,血吸虫虫卵能引起哪些病理变化?
4. 晚期血吸虫病为什么会引起肝纤维化?血吸虫性肝纤维化引起门脉高压的原因是什么?
5. 晚期血吸虫病常见的并发症有哪些?
6. 血吸虫性肝纤维化与结节性肝硬化发病机制及形态变化有何不同?

附 录

一、正常成人器官的重量和大小

1. 脑:男 1300~1500g
   女 1100~1300g
2. 脊髓:长 40~50cm
   重 25~27g
3. 心脏:重量:男 250~270g
   女 240~260g
   左右心房壁厚:0.1~0.2cm
   左心室厚度:0.9~1.0cm
   右心室厚度:0.3~0.4cm
   三尖瓣周径:11cm
   肺动脉瓣周径:8.5cm
   二尖瓣周径:10cm
   主动脉瓣周径:7.5cm
4. 肺脏:左肺重 325~450g
   右肺重 375~550g
5. 主动脉升部周径:7.5cm
   胸主动脉周径:4.5~6cm
   腹主动脉周径:3.5~4.5cm
6. 肝脏:重量:1300~1500g
   大小:$(25 \sim 30) \times (19 \sim 21) \times (6 \sim 9) cm^3$
7. 脾脏:重量:140~180g
   大小:$(3 \sim 4) \times (8 \sim 9) \times (12 \sim 14) cm^3$
8. 肾脏:重量(一侧):120~140g
   大小:$(3 \sim 4) \times (5 \sim 6) \times (11 \sim 12) cm^3$
   皮质厚:0.6~0.7cm

9. 胰腺:重量:90~120g
   大小:3.8×5×18cm³
10. 甲状腺:重量:30~70g
    大小:(1.5~2.5)×(3~4)×(5~7)cm³
11. 肾上腺(一侧):重5~6g

二、各器官的观察方法

1. 心脏的观察方法

肉眼检查:

大小:与死者右手拳接近,成人男性250g左右,女性稍轻些;

形状:正常为圆锥形,注意各房室有无肥大、扩张;

外膜:注意有无出血点、渗出物,冠状动脉有无弯曲或粥样硬化;

心肌:厚度(左心室约0.8~1.0cm,右心室约0.4cm);
    颜色,有无光泽、梗死灶、纤维瘢痕;

内膜:是否增厚、光滑,腔面有无附壁血栓;
    瓣膜有无增厚、赘生物,腱索、乳头肌是否异常。

切片观察:

外膜:表面有无渗出,有无充血、白细胞渗出、出血等,冠状动脉有无硬化;

心肌:心肌细胞纵横纹是否清楚,有无萎缩、变性、坏死等变化;
    间质结缔组织有无增生、变性,血管是否充血、出血,有无结节性增生性病变;

内膜和瓣膜:有无增厚,如有赘生物形成,应注意其构成、基底部是否有机化。

2. 血管的观察方法

肉眼检查:

外形走行有无改变,注意有无局限性增粗或缩小;

管腔大小与管壁厚度比例是否恰当;

腔内容物有无异常,内膜面是否光滑,有无斑块状病变。

切片观察:

腔内有无异常物质,如血栓形成;

内膜有无增厚,其性质如何;

中膜有无萎缩或肥厚;

外膜有无炎细胞浸润,营养血管有无病变。

3. 肺脏的观察方法

肉眼检查:

大小、形状有无特殊改变,质地如何;

胸膜是否光滑、增厚,表面有无渗出物、出血点;

表面和切面有无结节状病变或肿块；
切面肺组织颜色有无变化,肺泡结构是否疏松,有无气肿、实变、出血或梗死等改变；
支气管管腔有无扩张,管壁厚度如何,腔内有无分泌物,内膜是否充血；
肺门大血管及淋巴结有无病变。
切片观察：
胸膜有无增厚,表面有无渗出；
肺泡结构是否清晰,肺泡腔有无扩张,有无水肿液或炎性渗出物；
肺泡壁及间质血管有无充血、水肿、炎细胞浸润或纤维结缔组织增生；
各级支气管管腔有无扩张,管壁结构有无改变,腔内有无异常内容物；
观察切片中有无灶性或结节性病变,如有注意其数量、分布、大小、形态特点。

4．肝脏的观察方法
肉眼检查：
大小、重量、外形、颜色、硬度有无改变；
被膜有无增厚,表面是否光滑,表面和切面有无肿块；
切面结构是否清晰,有无出血、坏死,汇管区有无增大；
胆囊及胆管有无扩张,腔内有无结石,管壁有无增厚；
门静脉、肝动脉、肝静脉壁有无增厚,腔内有无异常内容物。
切片观察：
被膜是否增厚；
小叶结构是否正常,中央静脉及血窦有无扩张；
肝细胞有无变性、坏死,排列是否正常,枯氏细胞有无增生；
汇管区小叶间动静脉及胆管有无病变,间质有无增生,有无虫卵沉积。

5．脾脏的观察方法
肉眼检查：
大小、重量、形态、颜色有无改变；
包膜有无增厚,表面有无渗出；
切面白髓、小梁是否正常,有无出血、梗死；
脾门动、静脉有无硬化或血栓形成。
切片观察：
被膜有无增厚及渗出；
红髓结构是否清晰,血窦有无扩张、充血或炎细胞浸润；
白髓的数量、大小有无改变,有无炎细胞浸润,中央动脉有无硬化；
小梁有无增生或出血。

6．消化管道的观察方法
肉眼检查：

区别标本取自哪一部位；

管壁有无增厚、管腔有无扩张或狭窄，腔内容物有无特殊；

黏膜皱襞是否清晰，内表面有无充血、出血、坏死、肿物或溃疡；

浆膜面是否光滑，有无渗出。

切片观察：

按黏膜、黏膜下、肌层和浆膜层的顺序观察其结构有无变化，发现病变时注意其大小、形态、分布特点、与周围组织的关系，如是溃疡应注意其底部各层结构。

7. 肾脏的观察方法

肉眼检查：

大小、重量、形状、颜色有无改变；

包膜是否易剥，表面是否光滑，有无出血点或凹陷，是否呈颗粒状，颗粒大小；

表面和切面有无肿块；

切面有无光泽，皮髓交界是否清楚，皮质有无增厚，纹理是否清晰，有无出血、梗死或脓肿，小动脉管壁有无增厚；

肾盂有无扩张、畸形，黏膜是否光滑，有无充血或炎性渗出，腔内有无结石；

肾门动脉有无硬化。

切片观察：

皮髓交界是否清晰；

皮质肾单位有无异常，肾小球的大小、数量有无变化，球丛细胞数量、毛细血管腔及球囊腔和上皮细胞有无改变；

肾曲管有无扩张或萎缩，上皮细胞有无变性、坏死、脱落，管腔内有无管型；

各级血管有无硬化或血栓形成；

间质有无纤维结缔组织增生、炎细胞浸润；

肾盂黏膜上皮有无改变，黏膜下有无充血或炎细胞浸润。

8. 脑的观察方法

肉眼检查：

外形、重量有无变化，两侧大脑是否对称，有无脑疝压迹；

脑膜面有无炎性渗出，血管是否扩张、充血、出血；

脑回的宽窄、脑沟的深浅有无变化；

脑动脉有无硬化、动脉瘤等改变；

切面灰白质是否清晰，有无肿块、出血、坏死，脑室是否扩张。

切片观察：

脑膜有无充血、出血及炎性渗出；

脑实质血管有无充血，血管周围有无渗出；

脑组织有无水肿（血管及细胞周围空隙是否增宽）；

神经细胞有无变性、坏死,胶质细胞有无增生或结节状改变。

9. 肿瘤的观察方法

肉眼检查:

肿块的大小、形状、数量、颜色、质地;

切面有无出血、坏死、囊性变,有无包膜及与周围组织的关系;

局部淋巴结是否增大,有无肿瘤转移。

切片观察:

肿瘤细胞及细胞核的大小、形态,分裂像的多少,有无病理性核分裂;

瘤细胞的排列特点、浸润程度;

注意肿瘤细胞的组织特异性标志和肿瘤细胞的分化程度。

彩 色 图 谱

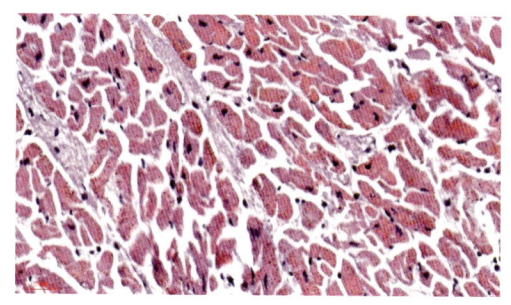

图 1-1　心肌细胞褐色萎缩 40×
心肌纤维较正常缩小，胞浆内可见多量
棕色微细颗粒——脂褐素

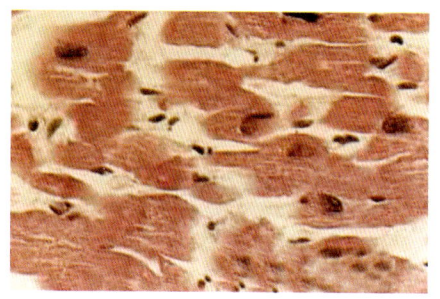

图 1-2　心肌细胞肥大 40×
心肌纤维较正常增粗，核深染

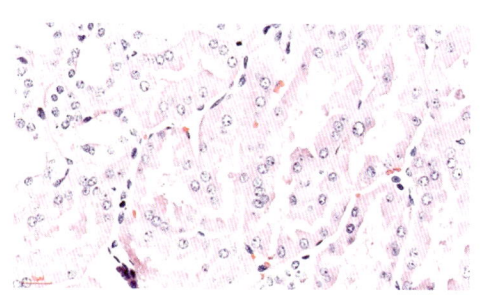

图 1-3　肾小管上皮细胞水肿 40×
肾小管上皮细胞胞浆内可见均匀
细小的红染颗粒状物

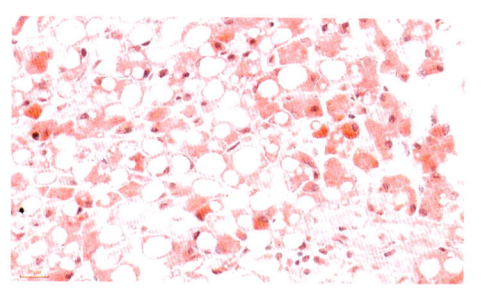

图 1-4　肝细胞脂肪变性 40×
肝细胞内出现大小不等的圆形空泡，
细胞核受压偏向一侧

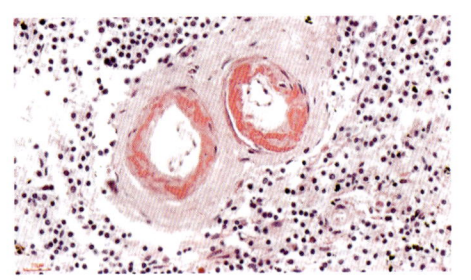

图1-5 动脉壁玻璃样变性 40x
脉壁增厚,管腔变小,内膜下可见环状红染物,
如玻璃样均匀一致

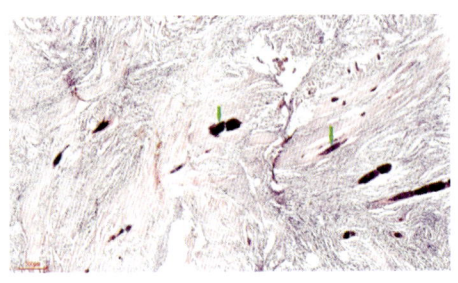

图1-6 病理性钙化 4x
钙化的组织呈片块状,蓝染(如绿色箭头)

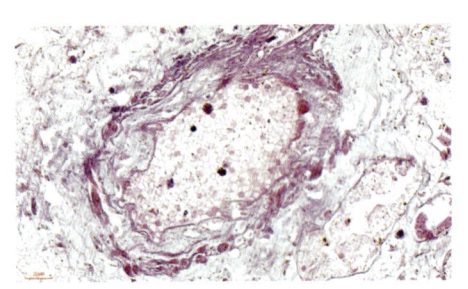

图1-7 动脉壁纤维素样坏死 40x
动脉壁可见细丝状、条块状无结构物质,
与纤维素染色性质相似

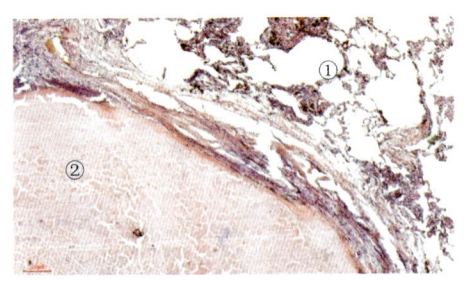

图1-8-1 干酪样坏死(肺)4x
①肺组织　②干酪样坏死

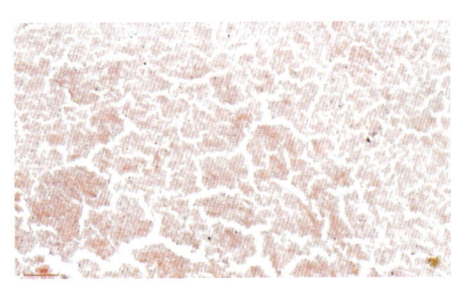

图1-8-2 干酪样坏死(肺)20x
坏死物呈无结构颗粒状红染物,
不见坏死部位原有组织结构的残影

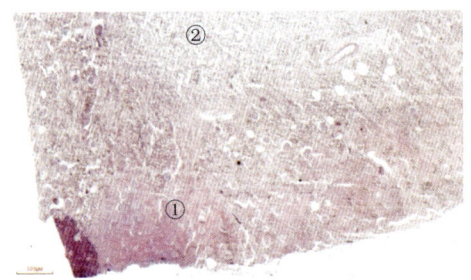

图1-9-1 凝固性坏死(肾)2x
①坏死区　②正常肾脏组织

彩色图谱

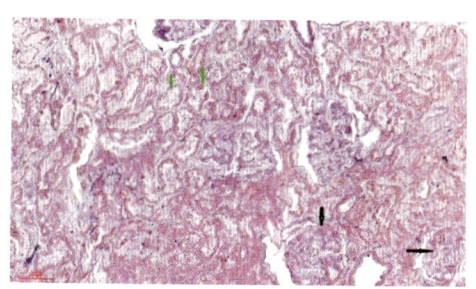

图1-9-2　凝固性坏死(肾)20x

死区的肾小球(黑色箭头)和肾小管(绿色箭头)的大体轮廓可见,但肾小球内细胞的细胞核和肾小管上皮细胞核消失

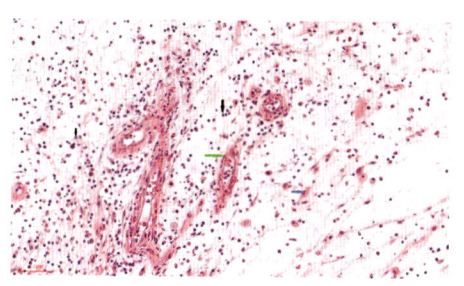

图2-1　肉芽组织 20x

绿色箭头:毛细血管　黑色箭头:炎症细胞
蓝色箭头:成纤维细胞

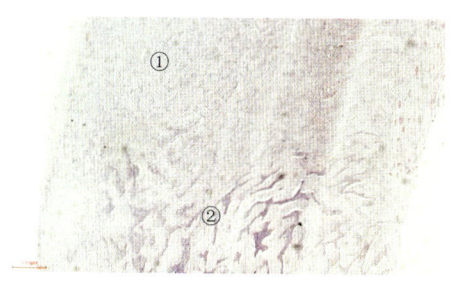

图2-2　骨痂 2x

①纤维组织　②骨小梁

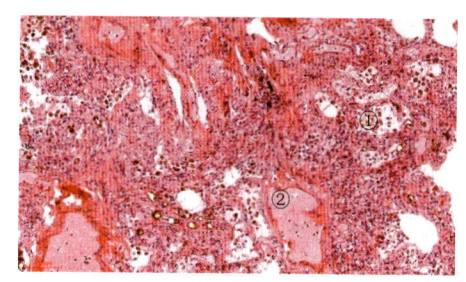

图3-1-1　慢性肺淤血 10x

①肺泡腔内的心衰细胞
②血管扩张、充血

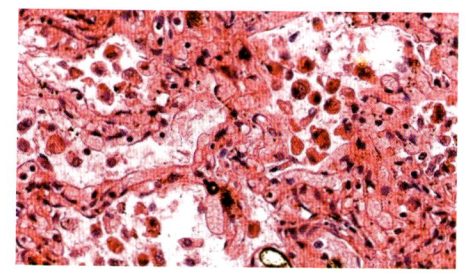

图3-1-2　慢性肺淤血 40x

泡腔内可见大量内含棕褐色含铁血黄素的心力衰竭细胞

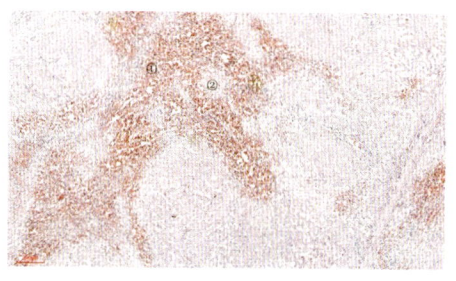

图3-2-1　慢性肝淤血 4x

①肝血窦扩张充血
②肝细胞脂肪变性

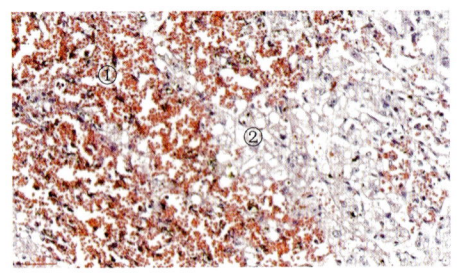

图 3-2-2　慢性肝淤血 20x
①肝血窦扩张充血
②肝细胞脂肪变性

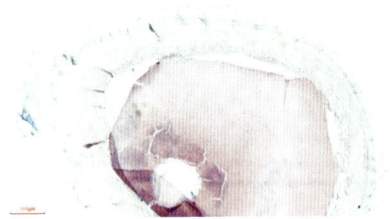

图 3-3　红色血栓 2x
镜下可见血管管腔内有一红染物，
几乎充满管腔

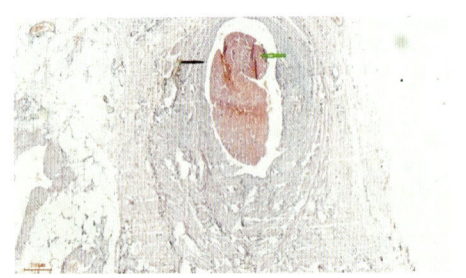

图 3-4-1　混合血栓 4x
黑色箭头：血管壁　绿色箭头：混合血栓

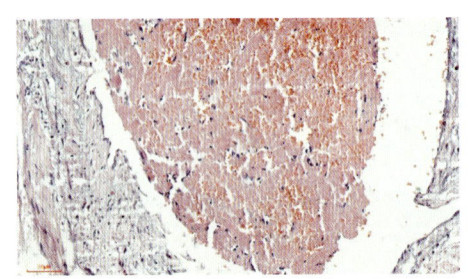

图 3-4-2　混合血栓 20x
浅粉色的血小板和红色的红细胞交织，
还可见到少量白细胞

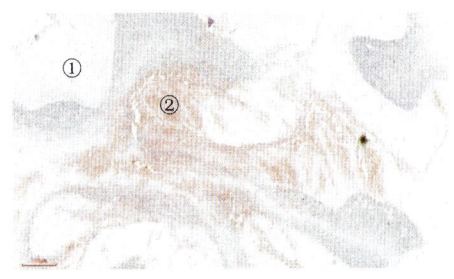

图 3-5　脑出血 2x
①脑组织　②出血部位

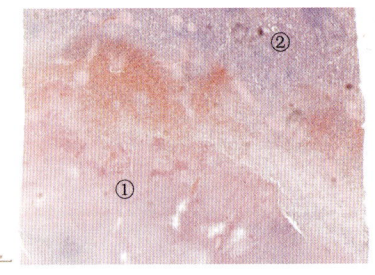

图 3-6-1　脾贫血性梗死 2x
①梗死区组织　②正常脾组织

图 3-6-2　脾贫血性梗死 10x
梗死灶结构模糊,其中可见蓝色的碎屑,
为坏死的细胞核

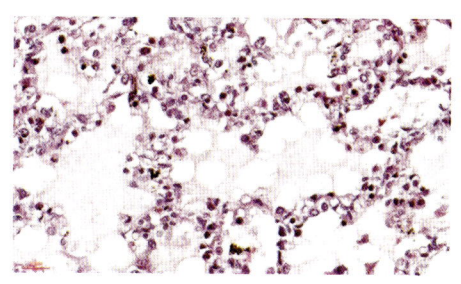

图 3-7　肺水肿 40x
肺泡腔内可见淡红色水肿液

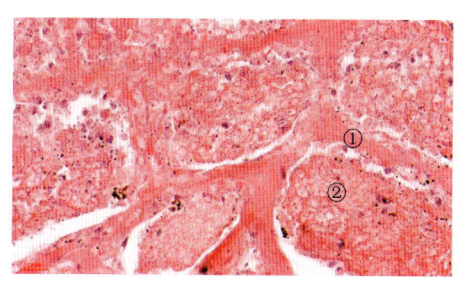

图 3-8　肺出血性梗死 20x
①肺泡壁
②红细胞

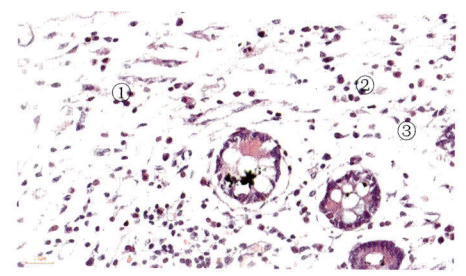

图 4-1　各类炎症细胞 40x
①嗜酸性粒细胞
②浆细胞
③淋巴细胞

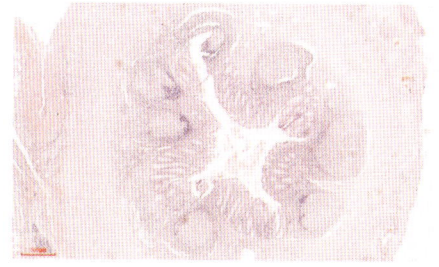

图 4-2-1　蜂窝织性阑尾炎 2x
阑尾各层大量炎症细胞浸润,
管腔内可见渗出

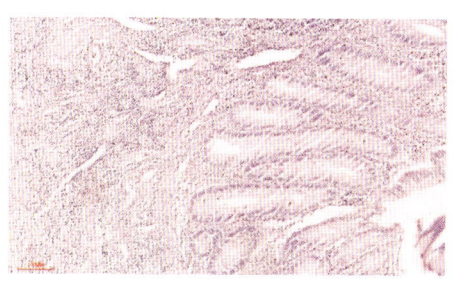

图 4-2-2　蜂窝织性阑尾炎 10x
阑尾黏膜和黏膜下大量中性粒细胞浸润

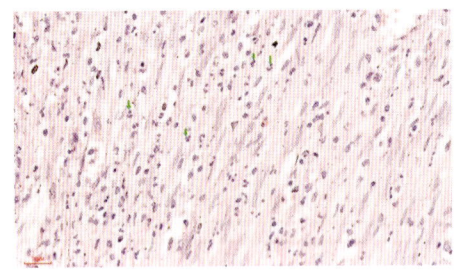

图 4-2-3 蜂窝织性阑尾炎 40×
阑尾肌层大量中性粒细胞浸润
绿色箭头：中性粒细胞

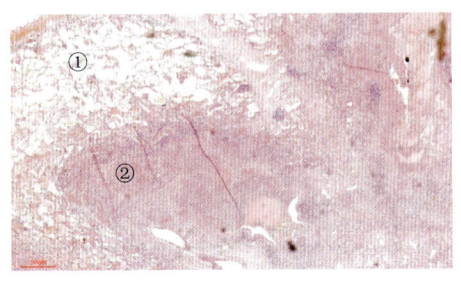

图 4-3-1 肺脓肿 2×
①正常肺组织
②脓肿

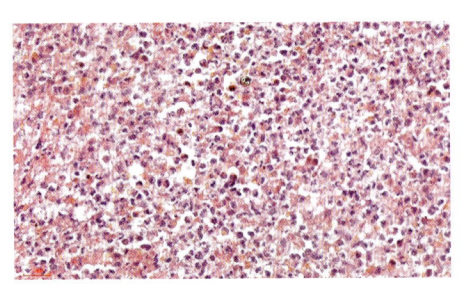

图 4-3-2 肺脓肿 40×
大量脓细胞及坏死组织形成的局限性病灶

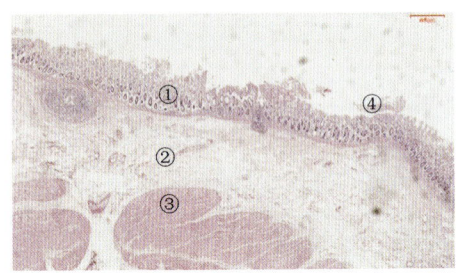

图 4-4-1 细菌性痢疾 2×
①肠壁黏膜层　②肠壁黏膜下层
③肌层　④假膜

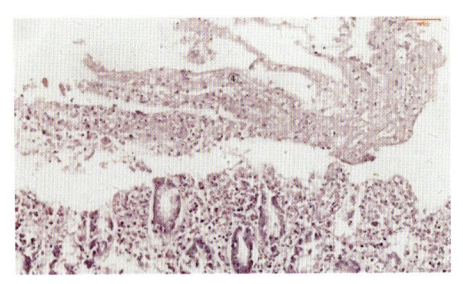

图 4-4-2 细菌性痢疾 20×
假膜主要由渗出的纤维素和炎症细胞组成

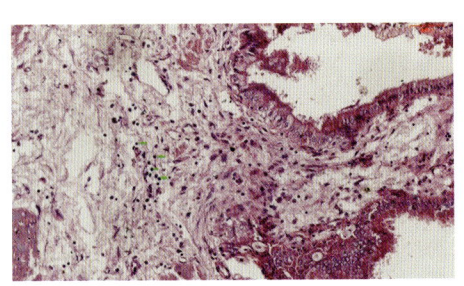

图 4-5 慢性胆囊炎 20×
胆囊壁黏膜层淋巴细胞
（如绿色箭头所示）浸润

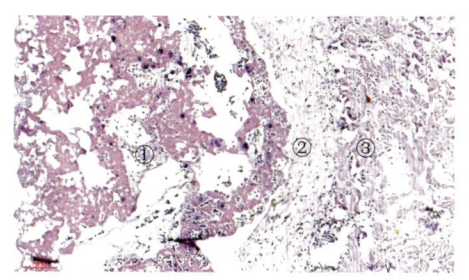

图 4-6　纤维素性心包炎 10x
①纤维素渗出　②心外膜　③心肌

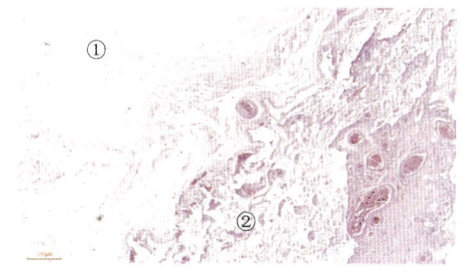

图 4-7-1　纤维素性胸膜炎 2x
①纤维素渗出　②肺组织

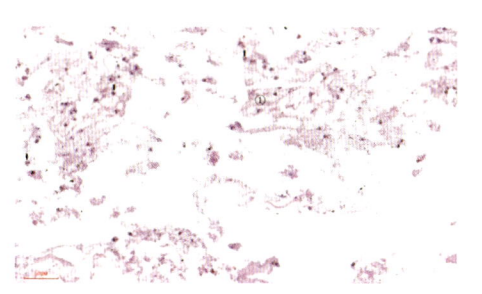

图 4-7-2　纤维素性胸膜炎 20x
纤维素渗出,其间可见炎症细胞(如黑色箭头所示)

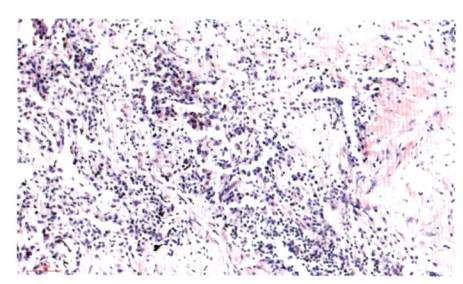

图 4-8　炎性假瘤(肺)20x
瘤组织中可见大量炎症细胞、肺泡上皮细胞以及增生的纤维组织

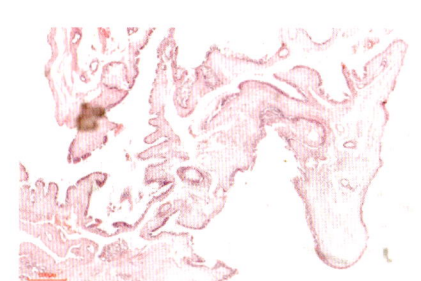

图 4-9-1　炎性息肉 2x
息肉呈瓜子形,较窄的一端有蒂,组织四周被覆上皮,间质较疏松

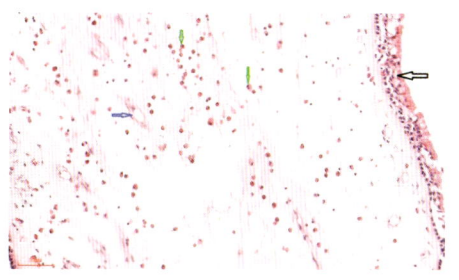

图 4-9-2　炎性息肉 20x
黑色箭头:黏膜上皮　绿色箭头:炎症细胞
蓝色箭头:血管

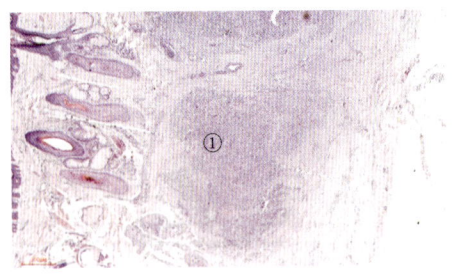

图 4-10-1　异物肉芽肿 2x
①肉芽肿组织,呈境界清楚的结节状病灶

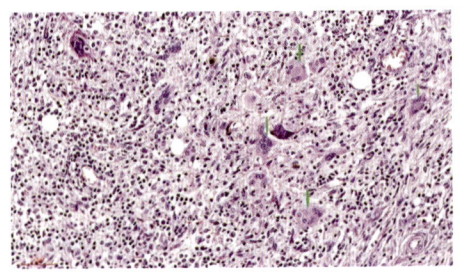

图 4-10-2　异物肉芽肿 20x
异物巨细胞(如绿色箭头所示)

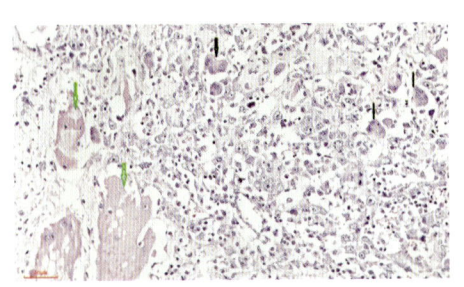

图 5-1　骨肉瘤 20x
黑色箭头:多核瘤巨细胞
绿色箭头:瘤性成骨

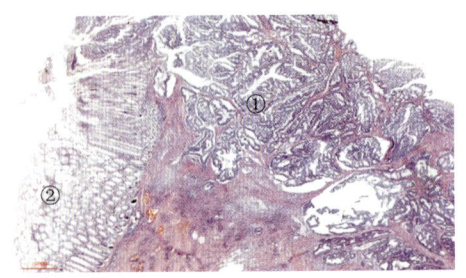

图 5-2-1　结肠腺癌 2x
①癌组织　②肠黏膜

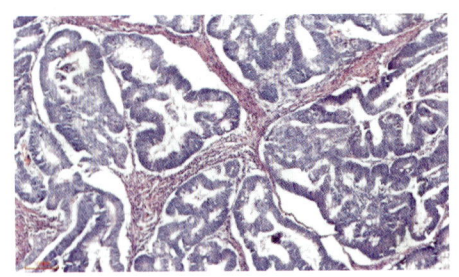

图 5-2-2　结肠腺癌 10x
呈腺管状排列,癌细胞组成的腺管结构不规则,
管腔大小不一,细胞层次增加,癌细胞大小
不一,形态各异

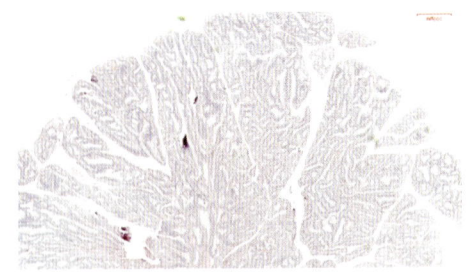

图 5-3-1　结肠腺瘤 2x
低倍镜下可见结肠黏膜增生呈息肉状

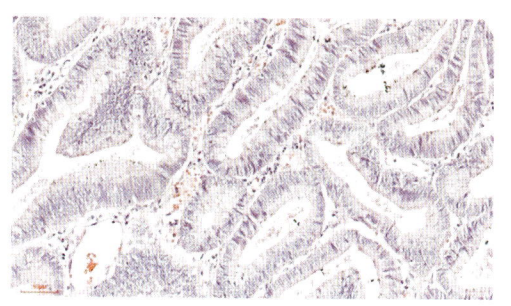

图 5-3-2 结肠腺瘤 10×
肿瘤内可见多量大小不等,形态多样的腺体;腺上皮排列整齐,与正常结肠腺体无明显差异

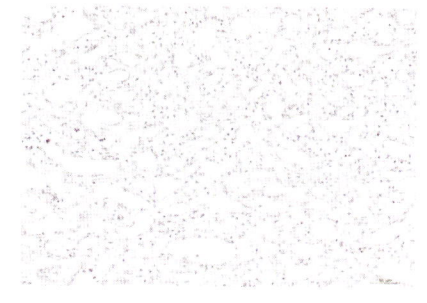

图 5-4 毛细血管瘤 20×
肿瘤由大小不等的毛细血管组成

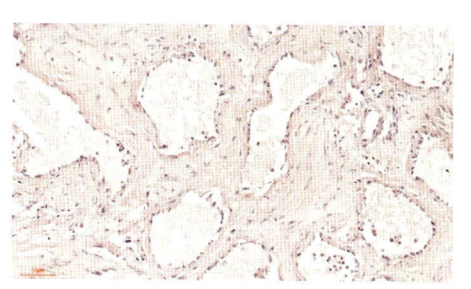

图 5-5 海绵状血管瘤 20×
由大小不等的血窦样腔隙构成,腔内明显充血

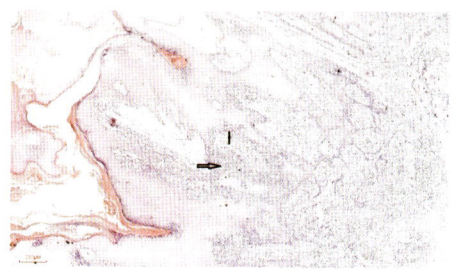

图 5-6-1 黑色素瘤 4×
表皮下可见大量巢状肿瘤组织
(如黑色箭头所示)

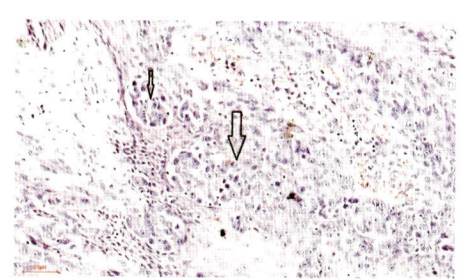

图 5-6-2 黑色素瘤 20×
细胞(如黑色箭头所示)呈多边形,核大而圆,可见细胞异型性

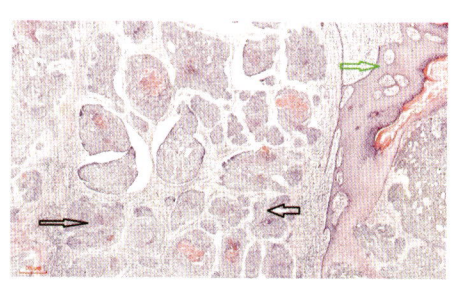

图 5-7-1 基底细胞癌 4×
绿色箭头:表皮 黑色箭头:肿瘤组织

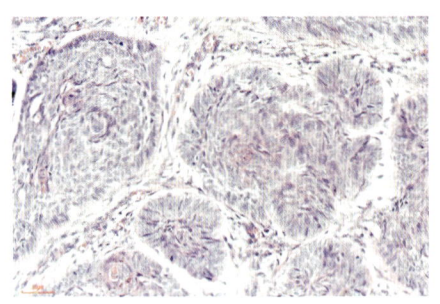

图 5-7-2　基底细胞癌 20x
由基底样细胞团构成,周边部细胞栅栏状排列,
中心部细胞排列较杂乱,细胞大小较一致,
胞浆较少,核有一定异型性

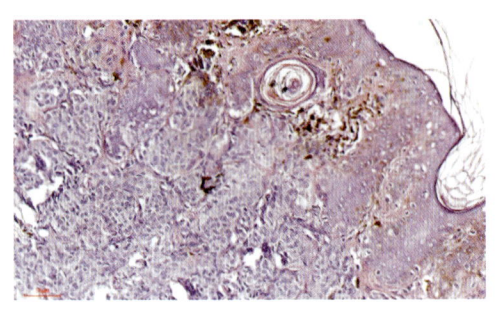

图 5-8　交界痣 20x
痣细胞位于真皮与表皮交界处,
痣细胞多为上皮样痣细胞

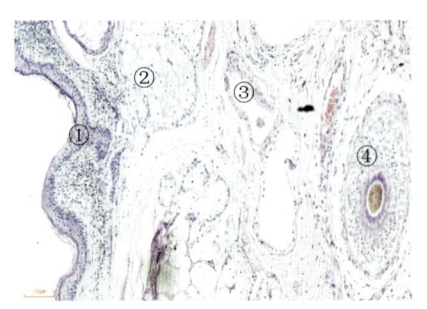

图 5-9　畸胎瘤 10x
①表皮　②皮脂腺
③腺体　④毛囊

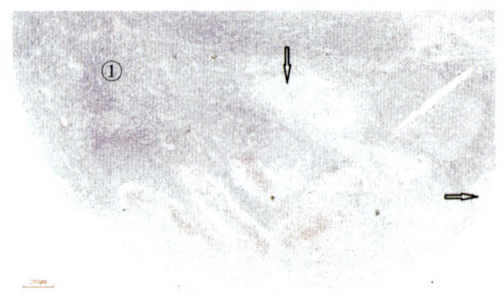

图 5-10-1　淋巴结转移性癌 4x
黑色箭头:癌组织
①淋巴结结构

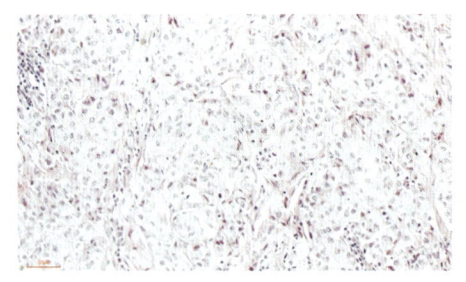

图 5-10-2　淋巴结转移性癌 20x
见淋巴结边缘窦及淋巴组织中有散在或成团分布
的癌组织,癌细胞大小不一,形态各异

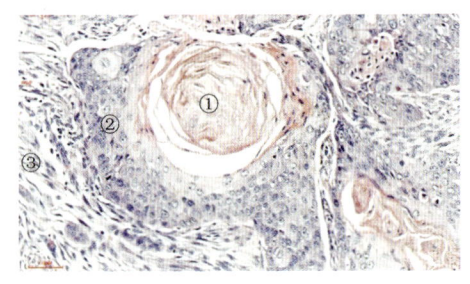

图 5-11　高分化鳞状细胞癌 20x
①角化珠　②癌细胞　③间质

彩色图谱

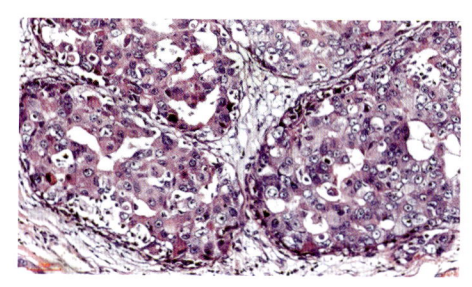

图 5-12　乳腺癌 20x
肿瘤组织排列成巢状，有结缔组织间隔；
细胞呈多角形，体积大，细胞核大，染色深，
有的核仁明显，可见核分裂像

图 5-13-1　膀胱乳头状移行细胞癌Ⅰ级 4x
低倍镜下可见膀胱移行上皮乳头状增生

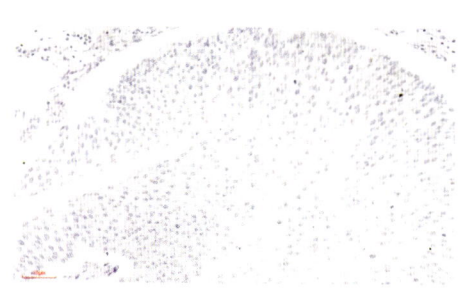

图 5-13-2　膀胱乳头状移行细胞癌Ⅰ级 20x
细胞层次明显增多，细胞丰富，体积大，
略有异型性，细胞核较大、染色较深

图 5-14-1　皮肤乳头状瘤（低倍镜）
复层鳞状上皮细胞增生，
于皮肤表面形成乳头状突起

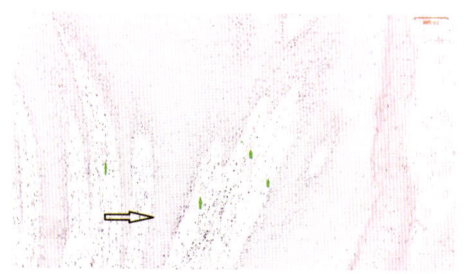

图 5-14-2　皮肤乳头状瘤 10x
绿色箭头：血管　黑色箭头：上皮脚

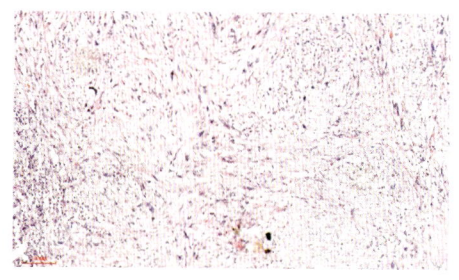

图 5-15-1　平滑肌肉瘤 10x
肿瘤细胞呈束状、旋涡状排列

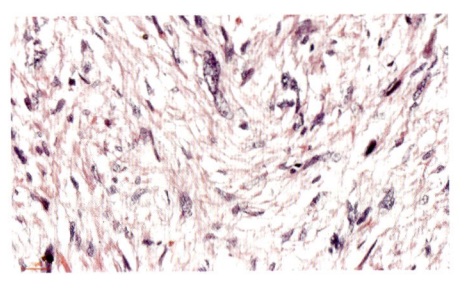

图 5-15-2　平滑肌肉瘤 40x
瘤细胞异型性明显,可见核分裂像

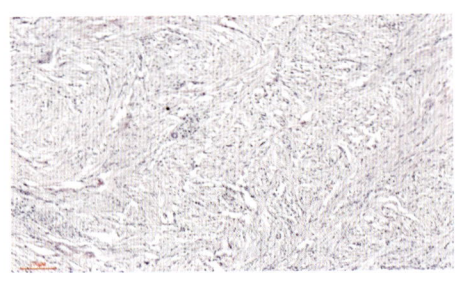

图 5-16-1　纤维瘤 10x
瘤细胞排列呈束状,亦可成旋涡状

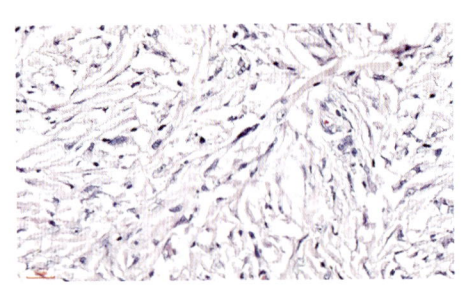

图 5-16-2　纤维瘤 40x
瘤细胞呈梭形,核小,似正常纤维细胞

图 5-17-1　纤维肉瘤 10x
瘤细胞成束交叉排列,细胞呈梭形

图 5-17-2　纤维肉瘤 40x
瘤细胞密集,细胞呈梭形,胞质少,
核大,细胞异型性明显

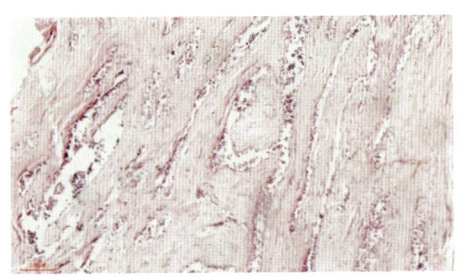

图 5-18　乳腺纤维腺瘤 10x
增生的腺体周围纤维组织增生,腺腔狭窄

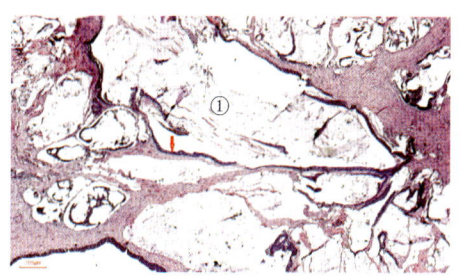

图 5-19　黏液癌 4x
①黏液湖　红色箭头：癌细胞

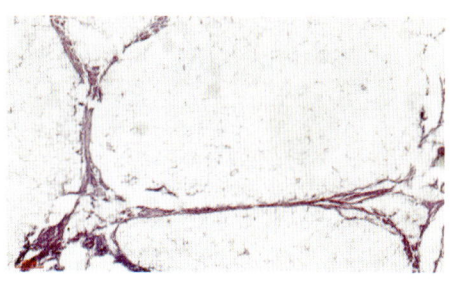

图 5-20　脂肪瘤 4x
大量成熟脂肪细胞聚集在一起，
其间可见纤维组织间隔

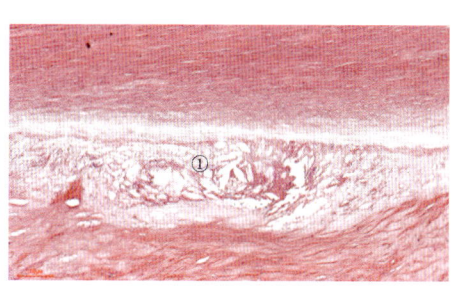

图 6-1-1　主动脉粥样硬化 10x
①胆固醇结晶

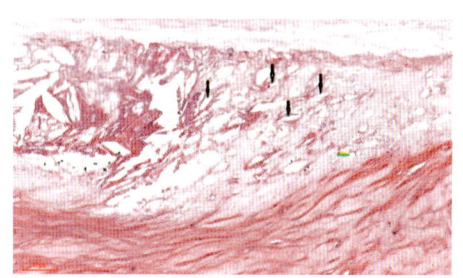

图 6-1-2　主动脉粥样硬化 20x
黑色箭头：胆固醇结晶
绿色箭头：泡沫状细胞

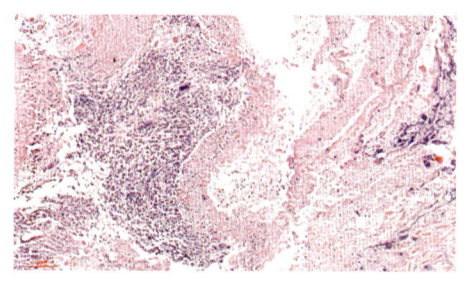

图 6-2　亚急性细菌性心内膜炎 10x
可见大片血小板、坏死组织和炎症细胞
以及浅蓝色的细菌菌团和紫蓝色的钙化灶

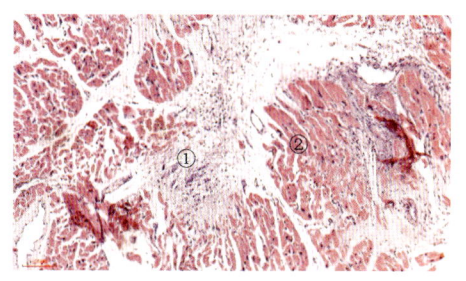

图 6-3-1　风湿性心肌炎 10x
①风湿小体　②心肌细胞

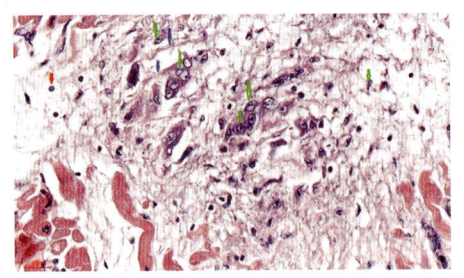

图 6-3-2 风湿性心肌炎 40x
绿色箭头:风湿细胞
蓝色箭头:纤维蛋白样坏死
红色箭头:淋巴细胞

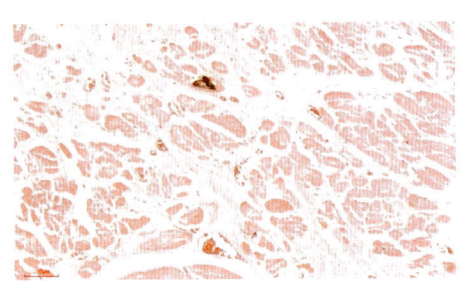

图 6-4 心肌梗死 10x
部分坏死的心肌细胞,细胞核消失,
心肌轮廓尚可见

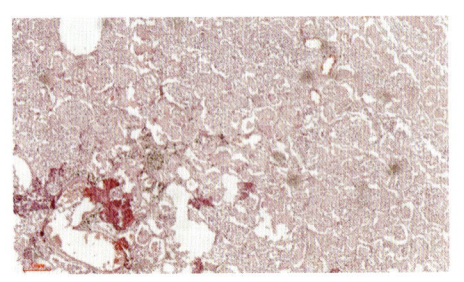

图 7-1-1 大叶性肺炎 4x
低倍镜下可见肺泡腔内充满了渗出物

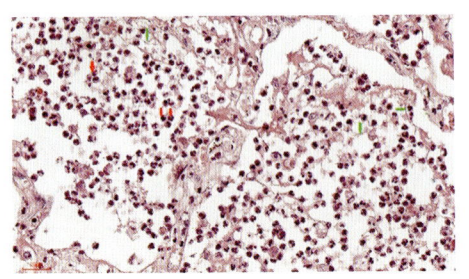

图 7-1-2 大叶性肺炎 40x
绿色箭头:纤维蛋白
红色箭头:中性粒细胞

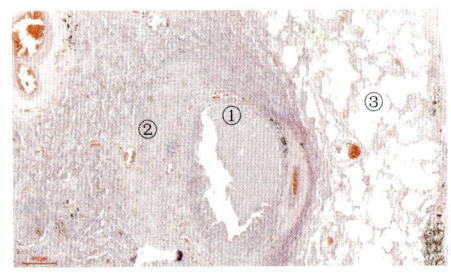

图 7-2-1 小叶性肺炎 2x
①病变细支气管内大量渗出物
②病变细支气管周围肺组织实变
③代偿性肺气肿

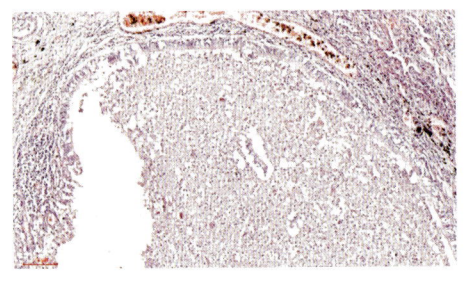

图 7-2-2 小叶性肺炎 10x
病变的细支气管黏膜上皮受损、脱落,
管腔内可见大量渗出物,周围血管扩张充血

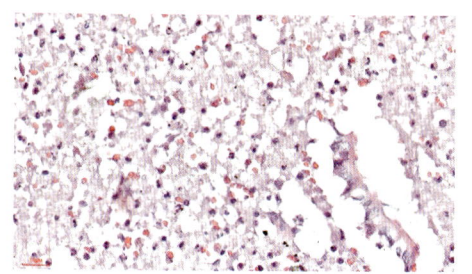

图 7-2-3　小叶性肺炎 40x
高倍镜下可见病变细支气管管腔内的渗出物,主要有中性粒细胞、脱落的黏膜上皮、坏死组织及红细胞

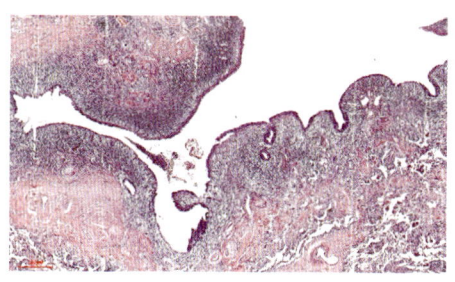

图 7-3-1　慢性支气管炎 2x
低倍镜下可见支气管黏膜受损,固有层内可见大量炎症细胞浸润

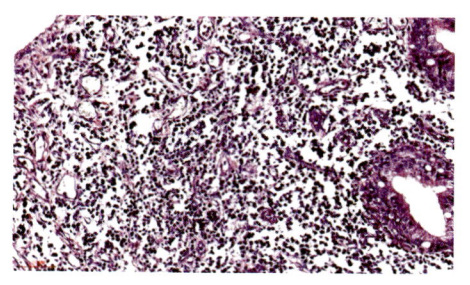

图 7-3-2　慢性支气管炎 20x
浸润的细胞以淋巴细胞为主

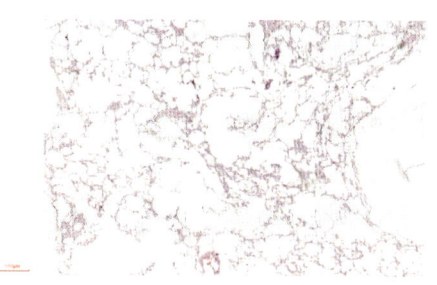

图 7-4　肺气肿 2x
肺泡腔弥漫性扩张,间隔变窄,部分肺泡间隔断裂,肺泡相互融合成大泡

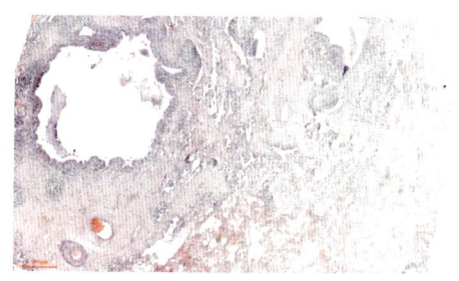

图 7-5-1　支气管扩张症 2x
低倍镜下可见支气管管腔扩张,腔内有炎性渗出物

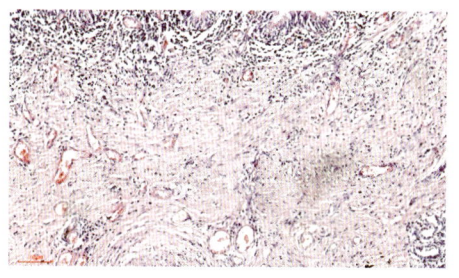

图 7-5-2　支气管扩张症 10x
支气管管壁纤维组织增生

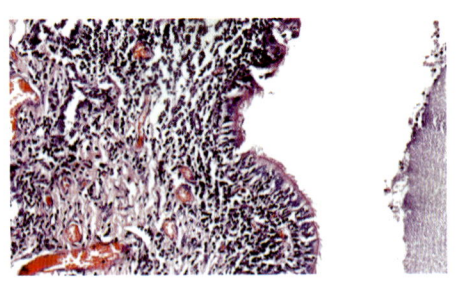

图 7-5-3　支气管扩张症 20x
支气管黏膜下血管扩张充血，
淋巴细胞等炎症细胞浸润

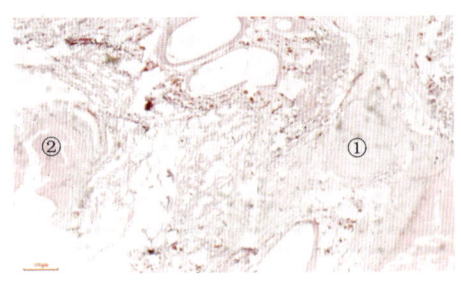

图 7-6-1　矽肺 2x
①矽结节　②干酪样坏死

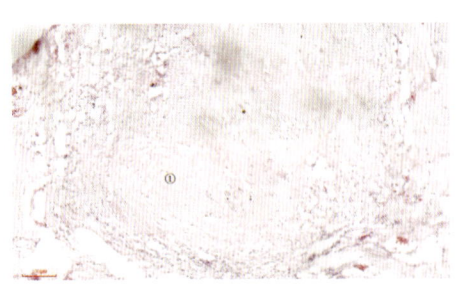

图 7-6-2　矽肺 10x
矽结节由胶原纤维呈同心圆或旋涡状排列

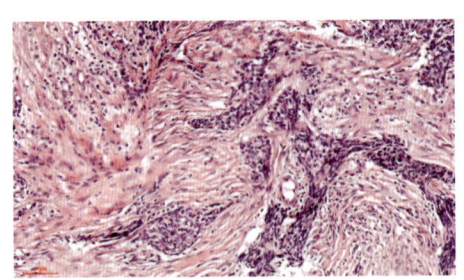

图 7-7　鼻咽癌 20x
肿瘤呈巢状，大部分细胞大，胞质较多，
染色淡，核大而圆或椭圆形，间质内纤维
组织丰富，癌巢及间质内有大量淋巴细胞

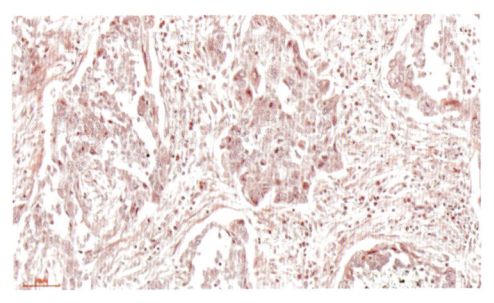

图 7-8　肺癌 20x
癌细胞排列成巢状或片状，细胞有异型性

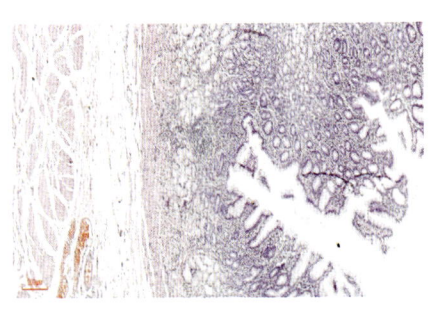

图 8-1-1　慢性浅表性胃炎 4x
胃黏膜浅表上皮坏死脱落，固有层有浆
细胞浸润，腺体未见明显减少或萎缩

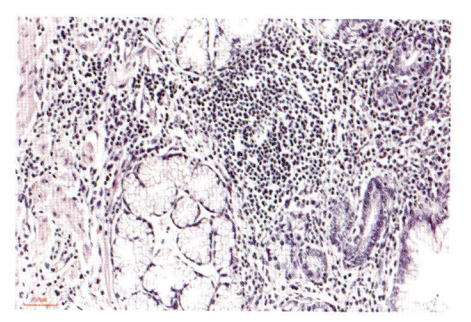

图 8-1-2　慢性浅表性胃炎 20x
胃黏膜固有层可见大量淋巴细胞、
浆细胞浸润

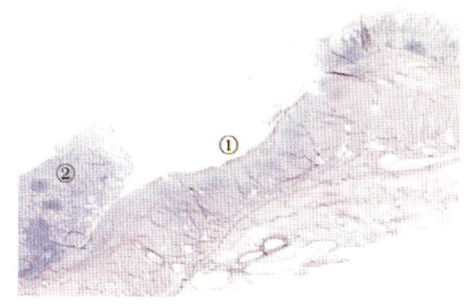

图 8-2-1　消化性胃溃疡(低倍镜)
①溃疡面　②周围正常黏膜组织

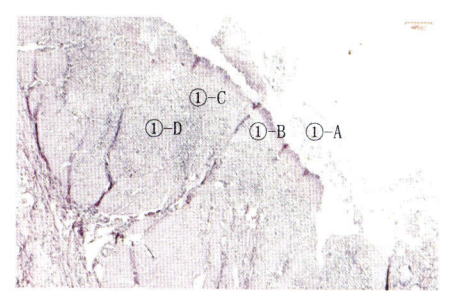

图 8-2-2　消化性胃溃疡 4x
①-A 渗出层　①-B 坏死层
①-C 肉芽组织层　①-D 瘢痕层

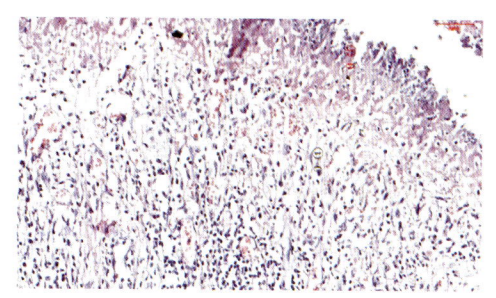

图 8-2-3　消化性胃溃疡 20x

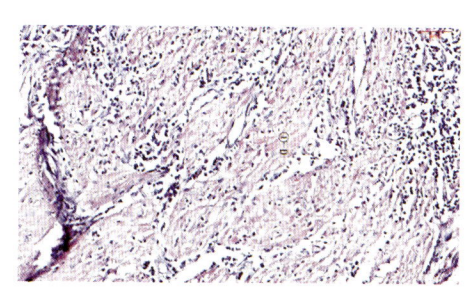

图 8-2-4　消化性胃溃疡 20x

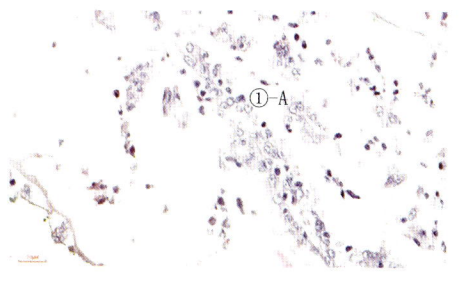

图 8-2-5　消化性胃溃疡 40x
①-A 渗出层:可见纤维素、炎症细胞、
坏死脱落上皮细胞

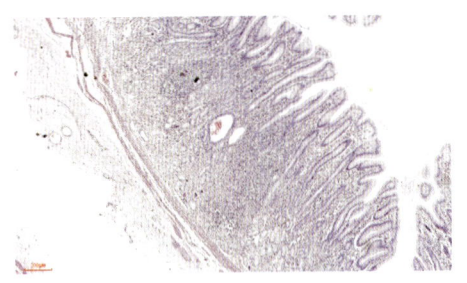

图 8-3-1　慢性萎缩性胃炎 4x
胃黏膜变薄,腺体变小,数目减少;
固有层内可见淋巴滤泡

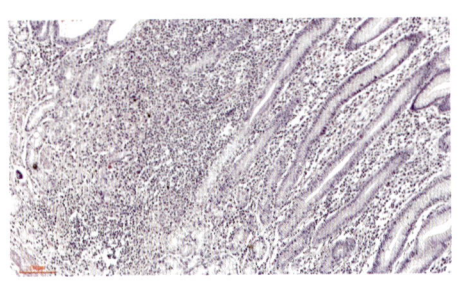

图 8-3-2　慢性萎缩性胃炎 10x
固有层内腺体变小,数目减少;
固有层内可见大量淋巴细胞

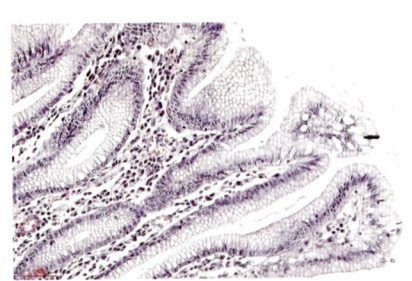

图 8-3-3　慢性萎缩性胃炎 20x
黑色箭头:杯状细胞

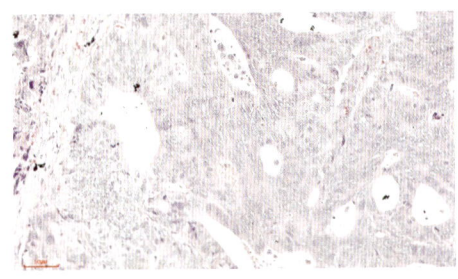

图 8-4　胃腺癌 20x
癌细胞排列成大小不一、形状不规则的腺管
状结构,腺体上皮层次增多,细胞有异型性

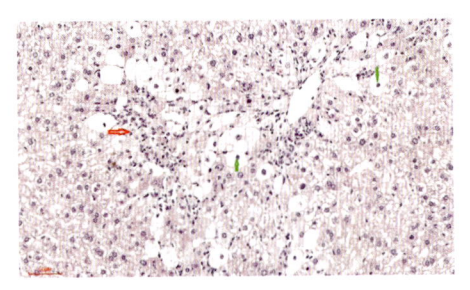

图 8-5　急性普通型病毒性肝炎 20x
绿色箭头:肝细胞气球样变性
红色箭头:点状坏死灶

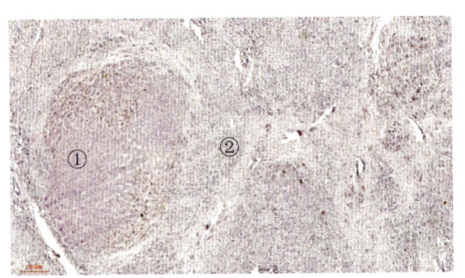

图 8-6　亚急性重型病毒性肝炎 4x
①肝细胞再生结节
②肝细胞亚大块坏死

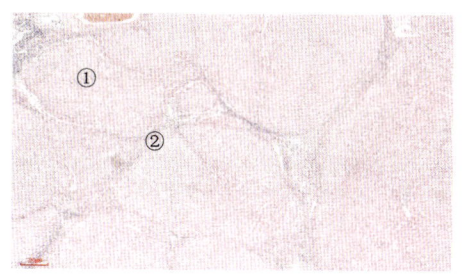

图 8-7-1　门脉性肝硬化 4x
①假小叶　②纤维组织间隔

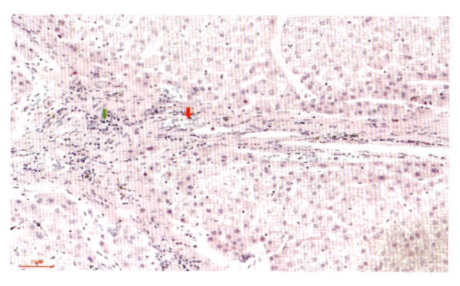

图 8-7-2　门脉性肝硬化 20x
红色箭头：小胆管
绿色箭头：炎症细胞

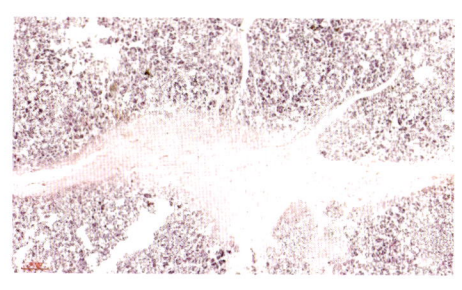

图 8-8-1　急性出血坏死性胰腺炎 4x
胰腺组织呈大片凝固性坏死，部分腺泡已消失，有较多中性粒细胞浸润。间质内明显水肿，大量中性粒细胞及纤维蛋白渗出

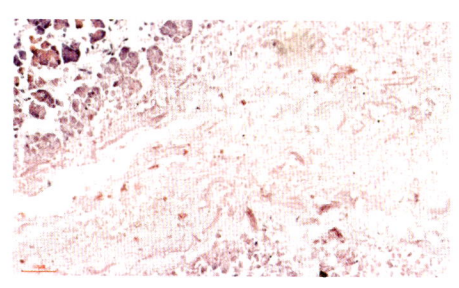

图 8-8-2　急性出血坏死性胰腺炎 20x
间质内可见出血

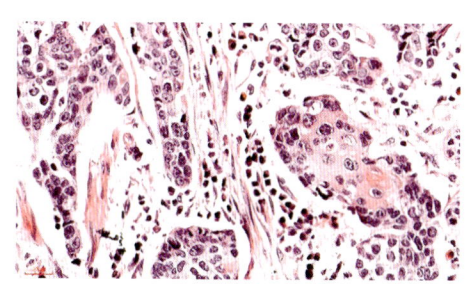

图 8-9　食管鳞状细胞癌 40x
癌细胞排列成片状，由结缔组织分隔。
癌细胞大小不一，核大而失去极性，
可见核分裂像

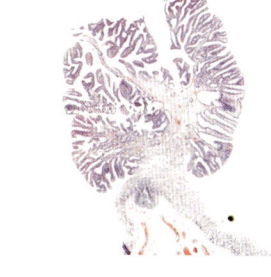

图 8-10-1　结肠息肉状腺瘤（低倍镜）
结肠黏膜增生呈息肉状，
肿瘤有蒂与肠壁相连

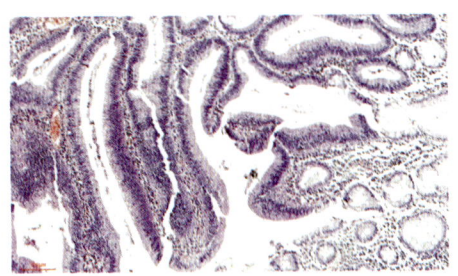

图 8-10-2　结肠息肉状腺瘤 10×
黏膜上皮细胞呈柱状，排列整齐

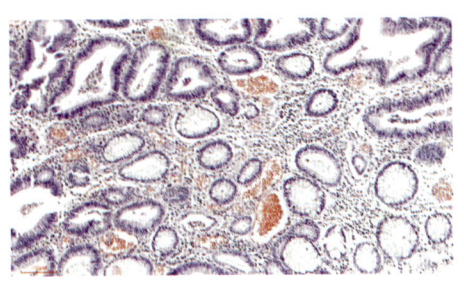

图 8-10-3　结肠息肉状腺瘤 10×
肿瘤内有多量大小不等，形态多样的腺体；腺上皮细胞排列整齐，与正常结肠腺体无明显差异

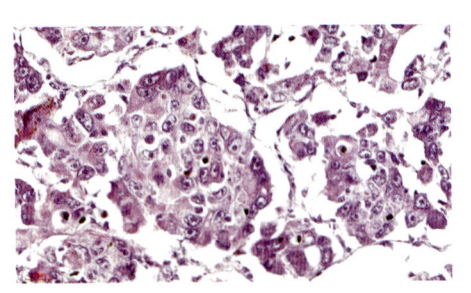

图 8-11　肝细胞性肝癌 40×
癌细胞排列成索状或片状，结构紊乱；纤维间质少，癌细胞呈多边形，胞质丰富，核大小不等，深染，核仁明显可见

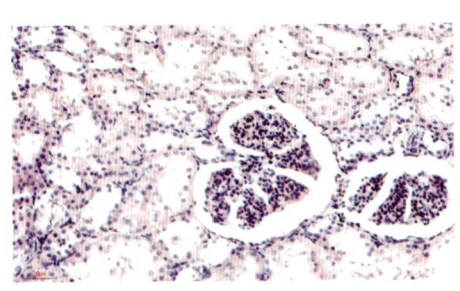

图 9-1　急性肾小球肾炎 20×
肾小球内的细胞数明显增多，毛细血管管腔受压闭塞；肾小管上皮细胞肿胀

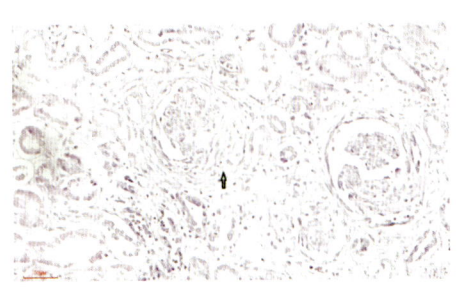

图 9-2　快速进行性肾小球肾炎
黑色箭头：新月体

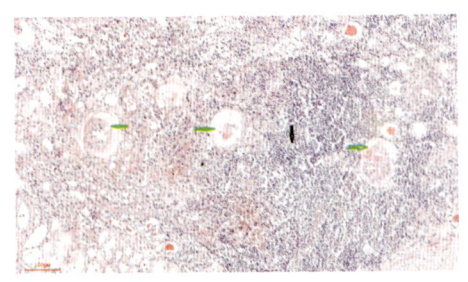

图 9-3-1　慢性硬化性肾小球肾炎 10×
绿色箭头：肾小球玻璃样变性
黑色箭头：炎症细胞

彩色图谱

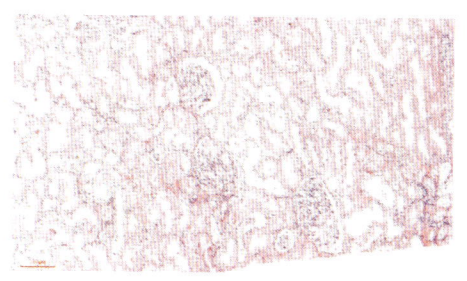

图9-3-2 慢性硬化性肾小球肾炎 10x
图示代偿肥大的肾小球

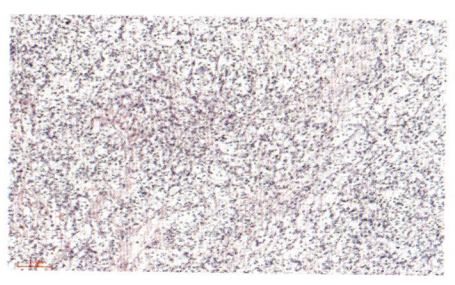

图9-4-1 肾透明细胞癌 10x

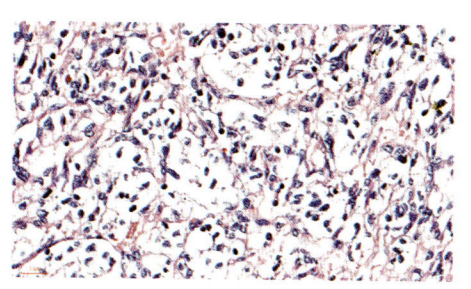

图9-4-2 肾透明细胞癌 40x
细胞体积较大,胞浆淡染透明,细胞核小,深染

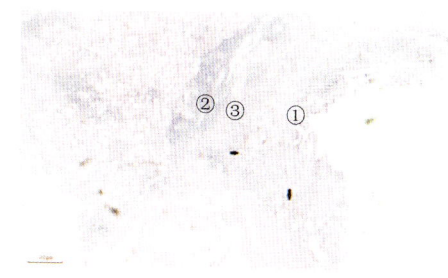

图9-5-1 慢性肾盂肾炎 2x
黑色箭头:胶样管
①黏膜及黏膜下炎症细胞浸润
②局灶性淋巴细胞、浆细胞浸润
③间质纤维化

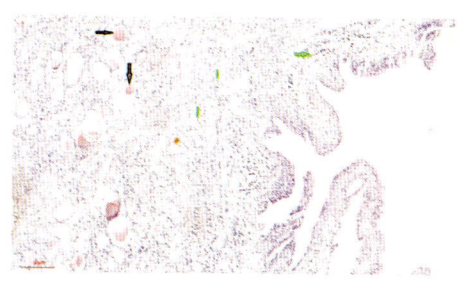

图9-5-2 慢性肾盂肾炎 10x
黑色箭头:蛋白管型
绿色箭头:炎症细胞

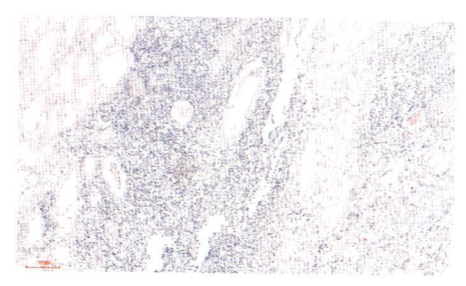

图9-5-3 慢性肾盂肾炎 10x
图示局灶性淋巴细胞和浆细胞浸润,
间质纤维化

图 10-1-1　恶性淋巴瘤 4×

低倍镜下可见淋巴结结构被破坏，
代之以肿瘤组织

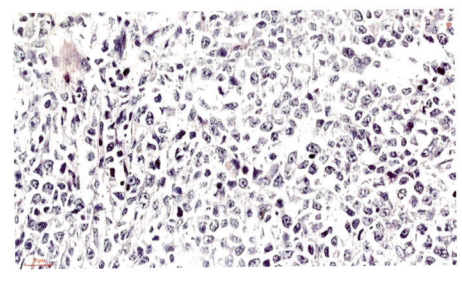

图 10-1-2　恶性淋巴瘤 40×

瘤细胞形态较一致，可见核分裂像

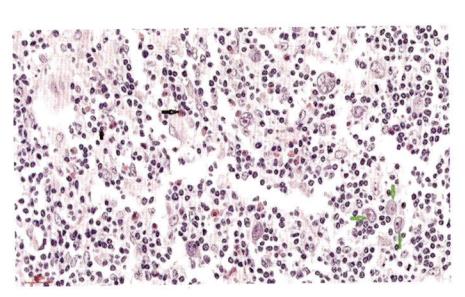

图 10-2-1　霍奇金淋巴瘤 40×

黑色箭头：嗜酸性粒细胞
绿色箭头：单核 R－S 细胞

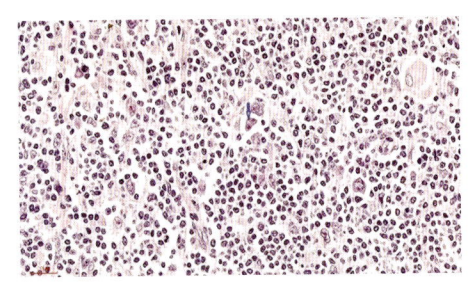

图 10-2-2　霍奇金淋巴瘤 40×

蓝色箭头：镜影细胞

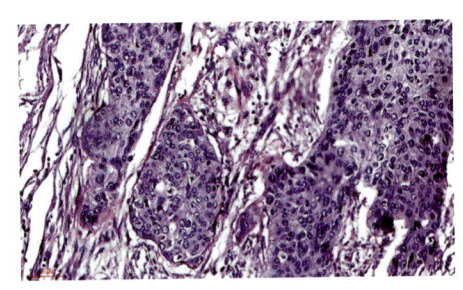

图 11-1　子宫颈鳞状细胞癌 20×

癌细胞呈巢状排列，细胞极性紊乱，核深染，
细胞大小不一，可见核分裂像

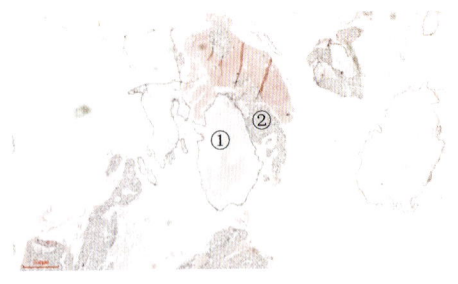

图 11-2　水泡状胎块 2×

①绒毛间质高度水肿，无血管
②滋养叶细胞增生

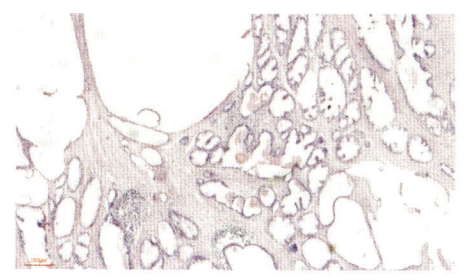

图11-3 前列腺结节状增生 4x
腺体增生,排列紧密,腺上皮常呈乳头状突起,腺腔扩张呈囊状,腺体间纤维平滑肌组织也增生

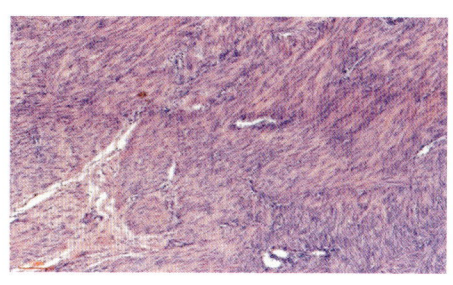

图11-4 子宫平滑肌瘤 10x
瘤细胞排列成旋涡状或编织状,瘤细胞呈梭形

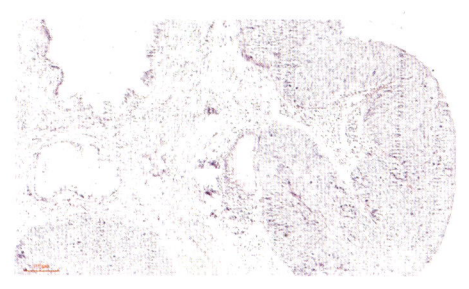

图11-5-1 子宫颈原位癌 10x
宫颈鳞状上皮细胞异型增生,达到全层,但未突破基底膜

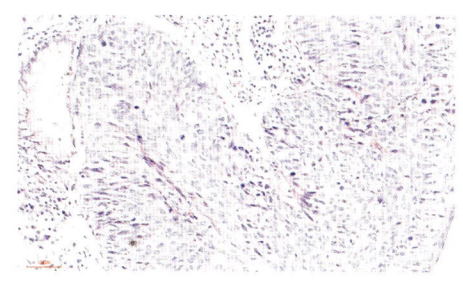

图11-5-2 子宫颈原位癌 20x
宫颈鳞状上皮细胞全层异型增生,细胞极向紊乱,细胞大小不一,但未突破基底膜

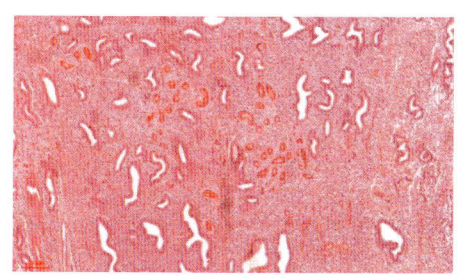

图11-6-1 子宫内膜增生症 4x
子宫内膜腺体明显增生,腺体大小不一,有的可出现囊性扩张;间质可见螺旋动脉样的小血管

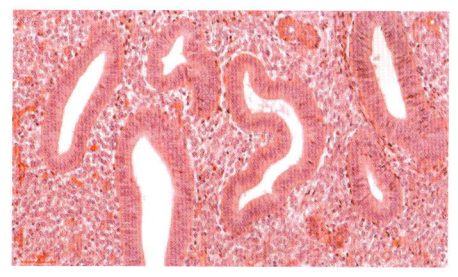

图11-6-2 子宫内膜增生症 20x
腺上皮为规则的假复层或中等复层排列的高立方或柱状细胞

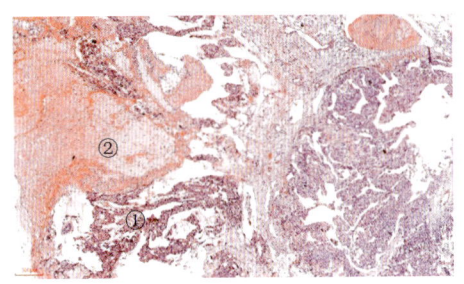

图 11-7-1　子宫绒毛膜上皮癌 4x
①癌细胞　②出血

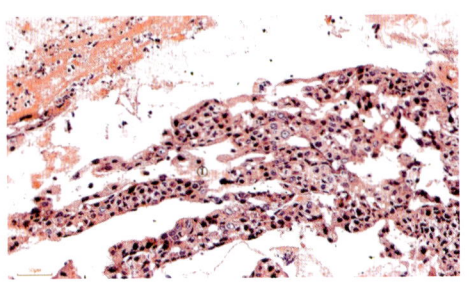

图 11-7-2　子宫绒毛膜上皮癌 20x
肿瘤细胞由分化不良的细胞滋养叶细胞和合体滋养叶细胞组成,细胞异型性明显

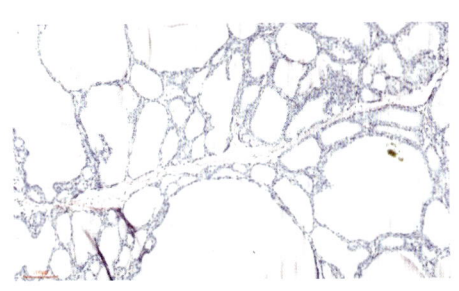

图 12-1　单纯性甲状腺肿 10x
甲状腺滤泡扩大,大小不一,滤泡内充满胶质,上皮受压变扁;间质纤维组织增生,形成纤维间隔

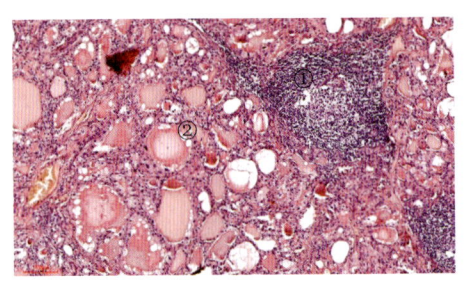

图 12-2　毒性甲状腺肿 10x
①淋巴组织增生　②吸收空泡

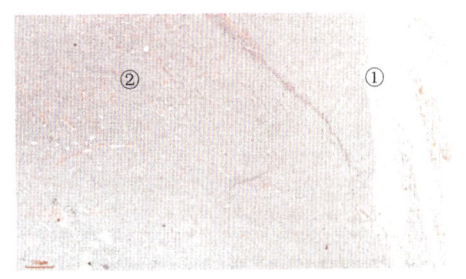

图 12-3-1　甲状腺腺瘤 4x
①包膜　②腺瘤组织

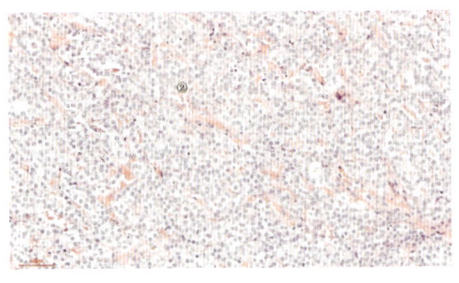

图 12-3-2　甲状腺腺瘤 20x
瘤细胞小,大小较一致,分化好,呈片状排列

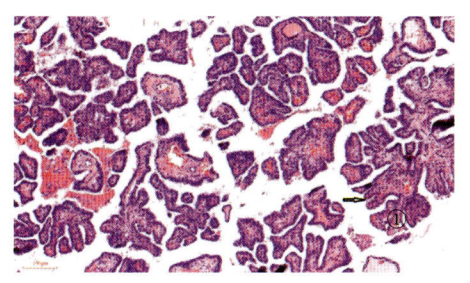

图 12-4 甲状腺乳头状腺癌 10x
黑色箭头：癌实质 ①纤维血管轴心

图 12-5 肾上腺皮质腺瘤 10x
瘤细胞呈圆形、多角形，胞浆透亮，包膜完整

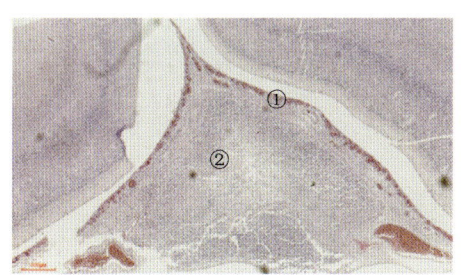

图 13-1-1 流行性脑脊髓膜炎 2x
①血管 ②脓性渗出物

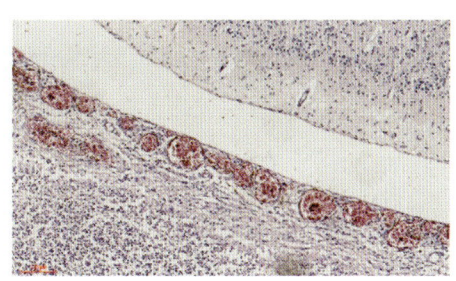

图 13-1-2 流行性脑脊髓膜炎 10x
图示血管扩张充血

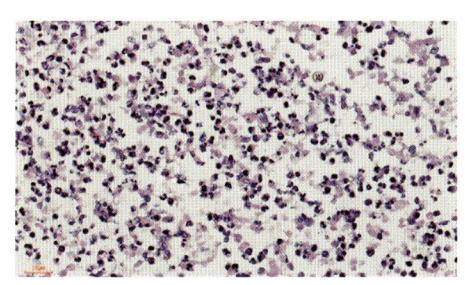

图 13-1-3 流行性脑脊髓膜炎 40x
图示大量中性粒细胞

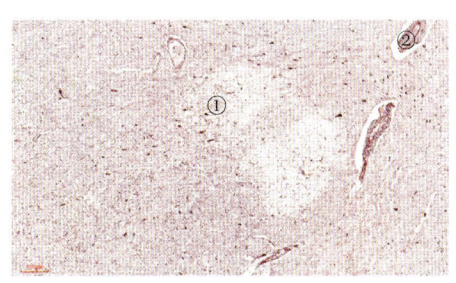

图 13-2-1 乙型脑炎 4x
①软化灶 ②血管淋巴套现象

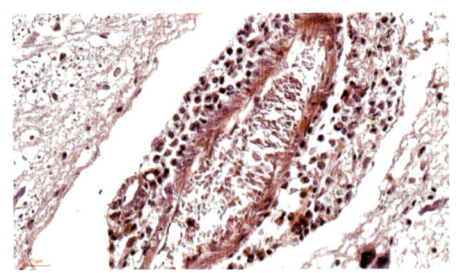

图 13-2-2　乙型脑炎 40x

图示血管淋巴套现象:血管周围淋巴细胞和单核细胞围绕

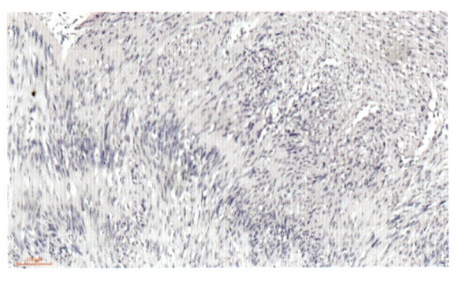

图 13-3　神经鞘瘤 10x

瘤细胞密集,细胞细长,呈梭形,界线不清;细胞核细长,部分瘤细胞平行排列呈栅栏状

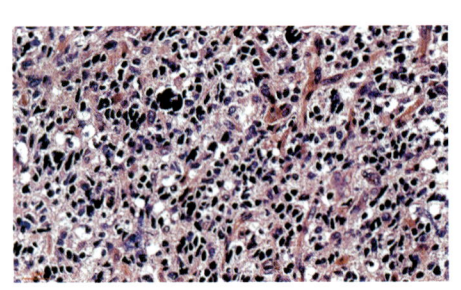

图 13-4　大脑星形胶质细胞瘤 40x

瘤细胞形态多样,细胞核多形性,大小不一,核大深染,异型明显,并可见病理性核分裂像

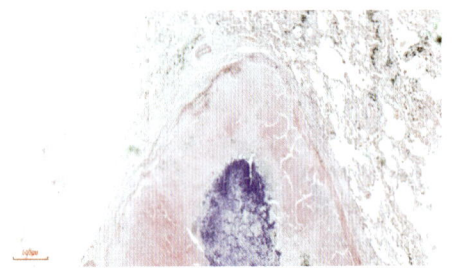

图 14-1　局灶性肺结核 2x

肺组织中可见一结核结节,干酪样坏死中间可见钙化灶

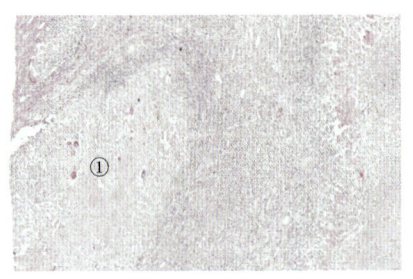

图 14-2-1　肾结核 4x

①结核结节

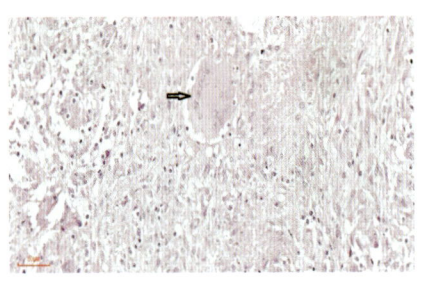

图 14-2-2　肾结核 20x

黑色箭头:朗罕斯(Langhans)巨细胞

彩色图谱

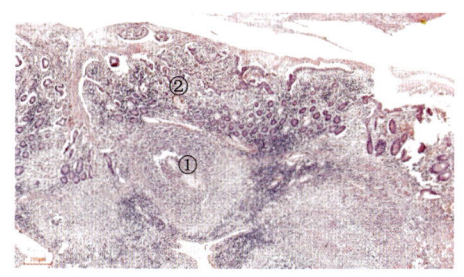

图 14-3-1　肠伤寒 4x
①伤寒结节　②肠黏膜

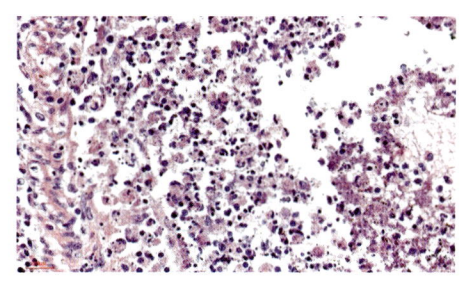

图 14-3-2　肠伤寒 40x
图示伤寒细胞

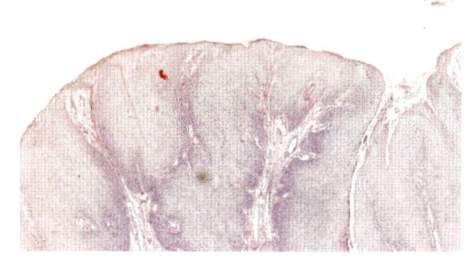

图 14-4-1　尖锐湿疣 4x
低倍镜下可见鳞状上皮呈乳头状增生,
上皮角化不全;表皮下血管扩张充血,
炎症细胞浸润

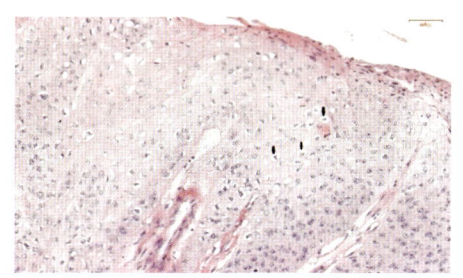

图 14-4-2　尖锐湿疣 20x
黑色箭头:挖空细胞

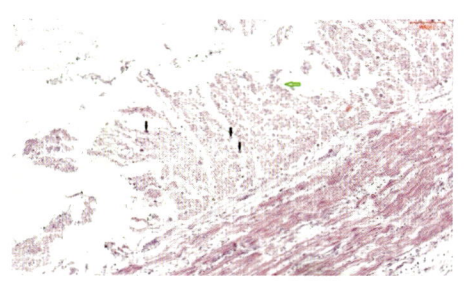

图 15-1-1　阿米巴痢疾 10x
结肠黏膜坏死脱落

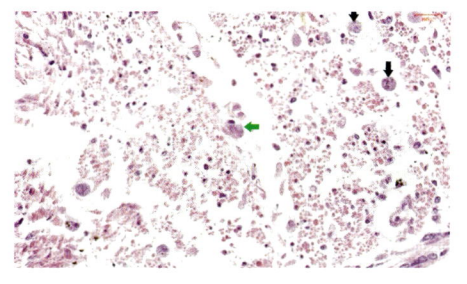

图 15-1-2　阿米巴痢疾 40x
绿色箭头:坏死肠黏膜
黑色箭头:阿米巴滋养体